ガンバ大阪30年のものがたり

高村美砂

ベースボール・マガジン社

ガンバ大阪　30年のものがたり　目次

第1章　熱狂とその後

第2章　若い力の台頭

第3章 タイトルへの道

第4章　世界に挑む

第6章　日はまた昇る

第8章　未来に向けて

注…文中のチーム名、役職などは当時のまま

はじめに

ガンバ大阪の取材を通して、これまでたくさんの感情に触れてきました。

スポーツの世界ではよく「結果がすべて」と言われます。異論はありません。ですが、選手やスタッフが漂わせてきた感情は、勝ったから嬉しい、負けたから悔しい、というだけではなかった気がします。

勝利の裏にあるたくさんの悔しさにも触れてきましたし、負けた悔しさが力に変わる瞬間も見てきました。笑顔の選手の横で、試合に出られず複雑な表情を浮かべている選手もいました。華々しい活躍の裏で不安に苛まれている選手もいました。クラブ愛の強さゆえに苦しんでいる選手もいました。

今回、本書に書き留めた記憶は、勝利に紐づくものが多いように映るかもしれませんが、そこに辿り着く過程には、たくさんの敗戦と悔しさがありました。

サッカーに魂を注ぎ込むというのは、どういうことか。試合や練習を繰り返し見ながら、そこに選手やスタッフの皆さんの言葉を重ね合わせ、何度も心が震える瞬間に出会いました。サッカー人としてだけではなく、「人」としての魅力にも触れました。負けても、負けても立ち上がり、まだ見えていない未来、「いつか」のために戦い続ける姿を見てきました。その過程を含めてガンバ大阪の歴史だと思っています。

今回、その30年という時間を、一つの物語として編む機会に恵まれました。

最近になってガンバを好きになった方には、もしかしたら過去の時代の登場人物の名前を聞いてもピンとこないかもしれません。今や、かつては選手だった方が指導者になっている時代です。20年以上も前の試合を想像できないこともあるでしょう。もしかしたら、「まだ生まれてないよ！」という人だっているかもしれません。それに、ここに記したのは、私が記憶している数多の物語のほんの一部で、読者の皆さんの記憶に残されているものとは相違があるかもしれません。

いや、むしろ、それぞれの記憶に残る物語に思いを巡らせながら読み進めていただくことで、本書は本当の完成を迎える気もしています。ここに書き留めたことも、皆さんの記憶に残る物語も間違いなくガンバの歴史の一部です。その積み上げた歴史の上に、今の、そしてこれからのガンバ大阪があることを想像しながら、読み進めていただければ幸いです。

高村美砂

[特別協力]
ガンバ大阪

[デザイン]
吉村雄大
鈴木光枝

[写真]
J.LEAGUE
Getty Images
ベースボール・マガジン社

[編集]
多賀祐輔

第1章

熱狂とその後

1991年

ガンバ大阪の誕生。エースの使命感

「プロ野球に負けないくらい盛り上げなければいけない」

――永島昭浩

1993年のJリーグ開幕を前に、チーム発足初年度からガンバ大阪のエースとして活躍していた永島昭浩は、その盛り上がりを肌で感じながら、使命感に燃えていた。

「先輩方から受け継がれた長い歴史があってこそのJリーグ開幕。だからこそ成功に結びつけなければいけない、サッカーの面白さをアピールしてプロ野球に負けないくらい盛り上げなければいけない、という思いが強かった。そういう意味では、プロがどうとか語る以前に、とにかくJリーグのPR活動をしなきゃいけないという使命感が大きかった」

1983年に前身である松下電器産業サッカー部に入部して10年。日本サッカー界の変遷をつぶさに見てきたからこその言葉だった。

「実は、松下の入社試験を受けたときも…まだプロ化の話も出ていない時代だったのに、面接官に『僕は将来、松下のサッカー部を世界に誇れるプロクラブにします』と宣言したんです。面接官はきっと『この人、どうかしているな』と思ったはずだけど（笑）、そのくらい個人的にも『プロ』に対しての思い入れが強かった。なので、1990年頃にサッカー界にプロ化の話が持ち上がったときはもちろん、大賛成しました。というか『松下がもしもプロ化に手を上げないなら、僕はJリーグ成功のために頑張りたいので他のチームへの移籍を認めてほしい』という話をしたくらいです。結果的に松下も、読売クラブや日産自動車に次いで早々にプロ化に名乗りを上げ、『オリジナル10』の一つとしてスタートすることになったので、僕も長年育てていただいたクラブでプロになることができました」

ガンバの前身、松下電器産業サッカー部の歴史は1980年に始まった。かねてより、バレーボール、バスケットボール、野球の3つの企業スポーツに力を入れてきた松下電器が、サッカー部の発足にあたり目指したのは「いち早くチーム力を日本のトップレベルに上げること」。そのために、チーム数や強豪クラブの有無を加味して奈良県に本拠地を据えると、創部1年目にして奈良県2部リーグで優勝。1981年には同1部で優勝し、1983年には関西リーグ、全日本社会人選手権の2大会で優勝して日本リーグ2部に昇格を決める。その勢いのままに、1985年に同リーグで優勝を決め、1986年に念願の日本リーグ1部入りを実現した。創部からわずか6年で上り詰めた日本のトップリーグだった。

その後、一度は2部降格を強いられたものの、1988年には再び1部に昇格。のちにガンバでプロキャリアをスタートする本並健治、島田貴裕、和田昌裕らを1987年に、平野直樹や植村晋らを1988年に補強しながらチーム力を膨らませ、1990年には初めて上位争いに名乗りを上げる。さらに、プロ化に向けた動きが始まっていた1991年には、初代監督の水口洋次が取締役強化部長として裏方に回り、メキシコ五輪での銅メダル獲得に貢献した釜本邦茂を新監督に招聘。Jリーグ参入に合わせて、同年10月には運営会社である松下サッカークラブが設立され、1992年、関西唯一のプロサッカーチーム『パナソニックガンバ大阪』が誕生する。

松下サッカークラブの初代・代表取締役社長に就任した山田利郎は、イタリア語の『脚』を意味するチーム名『GAMBA』になぞらえて意気揚々と決意を語っていた。

「サッカーの原点である『脚』と日本一、世界一のクラブ組織になることを目指して『ガンバる』（頑張る）ことをチーム名に込めました。大阪を中心とした関西のサッカーファン、一般市民の皆さんに『おらがチーム』と言ってもらえるクラブになり、皆さんの誇り、憧れ、シンボルとなれるような地域に根ざした魅力あるクラブに育てていくことが私どもの使命。そのためにも、関西の人で作る関西のチームが理想。小学生から高校生までの育成に力を入れながら、地元の皆さんに育ててもらうクラブにしたい。その上でまずは、ホームスタジアム、万博記念競技場を常に2万3千人のお客さんで満員にすることを目指します」

余談だが、このとき山田は発足当時のチーム名に企業名が入っていることにも触れ、「松下は地域貢献のためのリーダーシップをとっただけで、チームはあくまでも地域の皆さんのもの。いずれ独自で運営できるようになればパナソニックを外します」と明言していたが、その言葉通り、4年後の1996年にはチーム名を『ガンバ大阪』に、法人名を『株式会社ガンバ大阪』に改称している。

話を戻そう。空前のJリーグブームにも後押しされ、クラブ生え抜きである永島を筆頭に、礒貝洋光、本並、松波正信といったスター選手が全国的な人気を集めたガンバは1993年5月16日、ホームの万博記念競技場でJリーグ開幕戦を迎える。

満員のスタンドにはチームカラーの青と黒のフェイスペイントを施した大勢のファンが詰めかけ、青のフラッグがはためき、ワンプレーごとに悲鳴に近い歓声が上がる。そんな熱狂が続く中、初代キャプテンの永島が『使命感』を結果で表現したのが、サントリーシリーズ第7節・名古屋グランパスエイト（現名古屋グランパス）戦だ。自身の地元である神戸ユニバー記念競技場で開催されたこの一戦で永島はハットトリックを達成し、チームを勝利に導く。ジーコ（鹿島アントラーズ）に次ぐJリーグ史上2人目、日本人では初めての快挙だった。

1993年

記念すべき第一号ゴール

「スタジアムの雰囲気に取らせてもらった」

和田昌裕

1993年5月16日。ガンバはホーム万博記念競技場でJリーグ開幕を迎えた。

「本当にお客さんが見に来てくれるのか、最初は半信半疑だった」

そう振り返ったのは、当時、マネージャーを務めていた伊藤慎次だ。Jリーグの前哨戦として行われた1992年のナビスコカップ（現ルヴァンカップ）の時点では、まだそこまでの盛り上がりを感じていなかった。

「サッカー界に『いよいよ、Jリーグが始まるぞ』という気運が高まっていたのは間違いないですが、かといって、世の中的にはそうでもなくて（笑）。1992年にナビスコカップが開催されたときも、『サッカー？　人気は出そうなの？』という半信半疑の方が多かった。それは翌年も同じで…浦和レッズとの開幕戦はかろうじてチケットは完売していましたが、実は以降のカードはそこまで売れていませんでした。でも、うちの開幕戦の前日、5月15日に行われた開幕カードのヴェルディ川崎（現東京ヴェルディ）対横浜マリノス（現横浜F・マリノス）がテレビ放送され、脚光を浴びたことで一気に注目が集まり、『翌日、ガンバも試合があるけどもうチケットはないらしいよ』『早くチケットを押さえないと、見に行けないよ！』という現象が起きて、あっという間に開幕戦以外のカードも完売しました。そこから2年間はひたすら、チケットが発売されたら即完売、という状況が続きました」

開幕戦当日、集まった観客は1万9580人。当時の万博はゴール裏が立ち見席で、ファンクラブ会員の特典にはその『ゴール裏チケット』が付いていたが、予期せぬ人気沸騰も相まってゴール裏はすし詰め状態になった。

「ありがたいことに毎試合、ゴール裏がぎゅうぎゅうで…万博は陸上競技場のため、ゴールから35メートルくらい離れたところに3000人くらいが入っていたので申し訳ない限りでした。しかも、そのときはまだ『サッカー観戦は初めてだから応援の仕方がわからない』という人もたくさんいましたからね。チアホーンと呼ばれる三連のラッパみたいな応援グッズが売り出されていたので、ゴール前に選手が近づいてきたら、揃ってそれを吹く、みたいな感じで楽しんでいただいていました。そういう意味ではサッカーを知らなくても盛り上がりやすい雰囲気はあったと思います。といっても、そのチアホーンものちに騒音が問題となって使用禁止になりましたけど（笑）」

スタジアムの異様な熱狂に驚いていたのは選手も同じだった。１９８７年から松下電器産業サッカー部に所属し、Ｊリーグ初年度から活躍した和田昌裕もその一人だ。

「Ｊリーグが開幕した年とそれまでのギャップがあまりにも大きかったというか、日本リーグ時代を思うと、考えられないくらいの異常な盛り上がりで『こんなにも？』と驚きつつ、でも自然と気持ちが高ぶるのを感じながらアップをしていたのを覚えています」

しかも、その興奮の中で、和田は前半29分に左足で先制ゴールを叩き込む。ガンバの初代背番号10を背負ったリナルドの左ＣＫ（コーナーキック）にダイレクトで合わせた豪快な一撃にスタンドは大きく揺れ、和田も両手をぐるぐると回して喜びを表現。ハーフタイムのイベント実施のために落とした照明の復旧に時間がかかり、後半のキックオフが遅れるアクシデントもあったものの、ガンバは後半も虎の子の一点を守りきり、記念すべきＪリーグ開幕戦を白星で飾った。

「特に練習でもやっていないパターンだったので自分でも驚きました。きっと僕がフリーになっていたのを見てリナルドがうまく合わせてくれたんだと思います。これだけたくさんの方が詰めかけてくれたので勝ててよかった」

和田はその後、阪神淡路大震災で傷ついた地元を励まそうと、1995年7月に当時JFLに所属していたヴィッセル神戸へ移籍し、同クラブのJリーグ昇格に貢献したのち1997年に現役を退いた。引退後は神戸や京都サンガF.C.などで監督を務め、2020年に25年ぶりにガンバに復帰。現在は取締役強化アカデミー担当としてトップチーム、アカデミー、スクールなどすべての現場の強化責任者として尽力している。

「古巣であるガンバから必要としていただいたことに仕事でお返しするためにも、クラブの発展にしっかりと貢献していきたいと思っています。25年ぶりの古巣は…スタジアムはもちろんのこと、僕が在籍していた1995年までに比べると、フロント組織もかなり大きくなってびっくりしています。サッカークラブというより一企業のように各部署の役割、責任も明確でそれぞれが同じ目標に向かい、自分の役割を成し遂げようという空気をすごく感じます。またタイトルの歴史を積み上げてきたからだと思いますが、クラブ内に自分たちがJリーグを引っ張っていくんだ、というプライドというか『ガン

清水建設
河合塾

バがしっかりいろんなことを示していかなきゃダメだ』という意識の高さも感じます。そうした仲間から刺激をもらうところは多分にありますし、学ぶこともたくさんあり、今はすべてが新鮮です。僕も仲間に置いていかれないように、２０１６年から遠ざかっているタイトル獲得を実現するために自分ができること、やるべきことを見つけて、実践していこうと思っています」

あらためて、記念すべきガンバの第一号ゴールについて尋ねると、「その後の歴史においても、ファンの皆さんの記憶に残るゴールはたくさんあったと思いますが、第一号ゴールということで、皆さんの記憶にとどめてもらっているのはすごく嬉しい。いまだになぜ決められたのか自分でも不思議ですが、スタジアムの雰囲気に取らせてもらったんだと思います」と懐かしんだ。

1993年

内臓破裂からの奇跡の復活劇

「ほんまにまたサッカーできる？って不安しかなかった」

――本並健治

1993年7月7日、アウェーでのサントリーシリーズ第16節・サンフレッチェ広島戦。悲劇は後半44分に起きた。相手の左サイドからのクロスボールに反応しようとゴールマウスを飛び出したゴールキーパー、本並健治が相手選手と激突し、その場に倒れこんでしまう。

「左の脇腹あたりに相手選手の膝がガツンと入ってしまって。もちろん痛かったんですけど、最初は強度の打撲程度かと思っていたんです。息ができなくもないけど、立ち上がってみたら腹のあたりが重いというか…。試合も延長戦に突入していたし、アドレナリンが出ている状況で痛みの度合いがよくわかっていなかったのかもしれない。また、個人的に次節のヴェルディ川崎戦にどうしても出場したかったので、ここで交代するわけにはいかないと思っていました」

結果的に試合は延長前半1分に広島の高木琢也にVゴール（※延長戦に入った場合、先にゴールを決めたチームがその時点で勝利となるルール）を決められて敗れたが、本並は最後までピッチに立ち続けた。

猛烈な痛みを感じたのは、試合後、控え室に戻ってからだ。顔面蒼白となり、手足のしびれに襲われる。意識が朦朧とした状態で動けなくなった彼は救急車で広島市内の病院に運び込まれた。腎臓破裂の重体だった。

「それまでに負った怪我ともまったく種類の違う激痛で、これはヤバいんちゃうかと。そのときはほぼ意識がなかったので、よくわからんまま病院に運ばれましたけど、あとから腎臓が裂けていたと聞いて血の気が引きました。しかも、その日の夜は応急処置で止血したものの、翌朝になっても血圧が著しく低下していて…CTを撮ったら腎臓の周りに血腫があるとわかり、緊急オペになりました。左腎臓の4分の1がグジャグジャに損傷していたそうです」

一般人が同様の症状になった場合、回復を早めるために腎臓を全摘出することもあるそうだが、チームスタッフが「全摘出してしまったらサッカーができなくなる。できるだけ残してほしい」と意向を伝え、最終的に腎臓の3分の1を摘出。だが、術後3週間は水さえ飲めない点滴生活が続き、鍛え上げた肉体は一気に力をなくした。83キロあった体重は70キロ近くまで落ちた。

「ようやく起き上がれることになって、ベッドから足を下ろしたら膝がガクガクですからね。立つこともままならなくてほんまにまたサッカーできる？　復帰は無理ちゃうか？　って不安しかなかった。でも、そこからしばらくして地元の病院に転院したくらいから徐々に体力も回復して、サッカーのことも考えられるようになった」

その後、自宅療養を経て、広島戦から約3カ月後の10月12日には練習場へ。最初は歩くことから始め、状態を見ながらランニング、筋力トレーニングとメニューを増やし、11月末には特製プロテクターを装備して本格的にキーパートレーニングを再開する。結局、そのシーズンはピッチに戻れなかったが、翌年のJリーグ開幕戦で戦列復帰を果たした。

「入院していたときは『サッカーのことをできるだけ考えないように』と言われていたので、努めて違うことを考えるようにしていました。とか言いながら、夜になると復帰して試合を戦っている夢ばかり見て…。試合に出るようになって最初の4、5試合は、飛び出していくことに躊躇したし、ゲーム感を取り戻すのには苦労したけど、4月のヴェルディ戦で『これや』という感覚を掴めて自信を取り戻せた。もう失うものは何もないので、思いきってやるだけです」

残念ながらこの一戦は0－2で敗れたが、その1カ月後、彼は29歳にして初めて日本代表に選出される。『浪花のイタリアン』というキャッチコピーが付けられるほど日本人離れした端正な顔立ちに、『大阪生まれ、大阪育ち』のキレのいい関西弁というアンバランスさで人気を博したチーム最年長守護神の、奇跡の復活劇だった。

1994年

初代監督のラストマッチ

「自分の型を作っていってほしい。頑張れ、言いたいのはそれだけです」

――釜本邦茂

30年に及ぶ歴史においても、指揮官のラストマッチにあれほどたくさんの選手が涙しているのを見たのは一度きりだ。

すでに1994年シーズン限りでの退任が発表されていた釜本邦茂監督のJリーグでのラストマッチ、万博記念競技場でのニコスシリーズ最終節・ジェフユナイテッド市原（現ジェフユナイテッド千葉）戦。勝利を合言葉に臨んだガンバだったが、結果は1－2で敗れてしまう。その試合後、この年にチーム最多得点となる16ゴールを挙げた山口敏弘も、初めて日本代表に選出された今藤幸治も、入団3年目にして自身最多となるリーグ戦26試合に出場し、のちにアトランタ五輪に出場する森岡茂も、釜本監督のもとに歩み寄ると人目をはばからず涙を流した。セレモニーでサポーターへの挨拶に立ったチーム最年長、本並健治もまた話の途中で言葉を詰まらせた。
「監督のために勝ちたかった」(山口)
「監督の背中を見て戦ってきた。監督がいたから今の自分がある」(橋本雄二)
「今日の試合を含め、今までの自分のすべてに腹が立つ。悔しい」(森岡)
敗戦後にもかかわらず、またシーズンを通した成績もサントリーシリーズが7勝15敗、ニコスシリーズが8勝14敗と振るわなかったにもかかわらず、サポーターのいるゴール裏から自然発生的に『釜本コール』が沸き起こったのも印象的だ。それに続くように『釜本コール』はスタジアム全体に輪を広げ、釜本もまた手を振って応えながら、場内を一周した。
「本当は予定になかったことだけど、こんな機会はなかなかないから。応援してくださった皆さんに感謝の気持ちを伝えたくて」
湧き上がるスタンドを見ながら目を潤ませた指揮官も、最後は選手に肩車をされ、笑顔を見せた。
「ホームでの最終戦だったし、勝ちたかったですが、無得点で終わらずに1点取れたことが次につながったんじゃないかと思う。Jリーグが始まって2年間、いろいろなことがあったけど最後はサポーターの方たちから花束をもらって、いい締めくくりになりました。選手はまだまだ先がある。それぞれに自分の『型』を作っていってほしい。頑張れ、言いたいのはそれだけです」

釜本ガンバの誕生は1991年にさかのぼる。メキシコ五輪で大会得点王に輝き、日本の銅メダル獲得に大きく貢献したかつてのスーパースターの招聘は、Jリーグ参入を目指すクラブの最初の目玉だった。松下サッカークラブの初代・代表取締役社長を務めた山田利郎もサッカー界の偉大なレジェンドに全幅の信頼を置いていた。

「チーム作りはすべて釜本さんにお任せしています。彼は世界的なスター性を備えているだけではなく、夢とロマンの男。実は彼とは最初に『チーム作りには口を出さない』と約束したんです。口約束で終わらないように、ちゃんと紙に書いて渡しました。以来、いろんなコミュニケーションをとっていますが、彼は常日頃から『外国籍の助っ人を連れてきて勝てばいいわけじゃない。あくまで世界に通用する日本人選手を育てることが自分の使命であり、日本プロサッカー界の使命だ』と話しています。もっとも当面は外国籍選手に頼るところもありますが、クラブとしても将来的には純国産、しかも下部組織の選手を含め、関西で育った選手でチームを構成するのが目標です」

　釜本の選手育成への思いが如実に表れたのが1994年だろう。Jリーグ元年を終えると永島昭浩、久高友雄ら主力を含む12選手を契約満了とし、チームを刷新。釜本は新たに背番号10を背負った礒貝洋光を主軸に据え、大きく若返りを図る。それがすぐさまチームの結果に表れることはなかったものの、ファルカン監督率いる日本代表には4選手（本並、礒貝、今藤、山口）を送り込む。また、ルーキーイヤーの1993年11月にハットトリックを決めた松波正信をはじめ、中村洋仁、木場昌雄、森岡ら調子がいい若手を積極的に起用し、成長を促したのも印象的だ。若手の先頭に立ってチームを牽引した松波は、のちに釜本についてこんな言葉を残している。

「なかなか勝つことはできなかったけど、『世界の釜本』と呼ばれたガマさん（釜本）から学んだことはたくさんありました。同じフォワードとして『感覚』を大事にしろと言われたのも印象的です。正直、当時は僕自身も若く、その言葉の意味をすべて理解できていなかったけど、年齢を重ねるにつれて『感覚』を備えておくことがゴールを取る上でどれだけ自分を楽にしてくれるのかを痛感しました。そういえば、たまに練習で『シュートはこうやって打つんじゃ！』とガマさん自らシュートを打つこともあって…

しかも、恐ろしい弾道で決まるんです（笑）。それを間近で見れたことも僕にとってはすごく大きかった」

加えて、育成に関して記すと、ガンバ大阪発足に際し、釜本が主宰する『釜本ＦＣ』の小・中学生チームがそのままガンバの下部組織になったことも特筆すべき出来事だ。その釜本ＦＣの一期生でのちにプロになる高木健旨と松山明男は、チーム発足の１９９２年にガンバユース一期生となった。また、釜本ＦＣのコーチングスタッフだった上野山信行もガンバユース監督に就任。外部から加入した宮本恒靖らを中心に据え、アカデミーの礎を作り上げた。

「若い選手に育ってもらわんと。Ｊリーグの将来を担うのは彼らなんやから」

結果的に、釜本ガンバの歴史は2年で終わったが、釜本が監督就任当初から繰り返した通り、氏によって蒔かれた育成型クラブの種は、30年が経った今も枝葉を伸ばし続けている。

1994年

ガンバユースの初優勝

「赤字ではなく先行投資です」
上野山信行

トップチームが天皇杯準決勝で敗れた翌日、Jユースカップ準決勝でジェフユナイテッド市原ユースに4－1で大勝したガンバユースは、初めて決勝の舞台に立っていた。相手はヴェルディ川崎ユース。

「俺らが絶対に優勝しよう」

U－17日本代表でありキャプテンの宮本恒靖は、この言葉を試合当日まで繰り返しチームメイトに投げかけたという。前年度の敗戦時に上野山信行監督に言われた言葉も胸にあった。

「プロの世界は勝ってなんぼ。負けたときに泣いても遅い。どうせなら、勝って泣け」

試合はいきなり動き、前半3分に松山明男のゴールで先制点を奪ったガンバだったが、30分に同点ゴールを許し、さらに44分にはPK（ペナルティーキック）を献上してしまう。一度はゴールキーパーの山路真一が気迫で止めたが、動き出しの早さを指摘されて蹴り直しとなり、逆転ゴールを許した。

それでも、一度は相手に傾きかけた流れをハーフタイムで断ち切ると、後半16分には同点ゴールを決めて、試合はVゴール方式の延長戦へ。その延長前半6分。チームのエースとして大会得点王にも輝く尾上恵生が藤原将平のスルーパスに反応し、ドリブルで相手ディフェンダーを振りきって前線へ。飛び出したゴールキーパーの動きを冷静に見極め、大会13得点目となるVゴールを叩き込んだ。

「みんながいいパスを出してくれていたので、一発を狙っていました。昨日、トップチームは天皇杯準決勝で負けてしまったけど、時々、練習に参加させてもらったりもしていたし、そのお礼として『弟も頑張っているぞ』と示す試合をしたかった」

ゴールネットを揺らした尾上は力強くガッツポーズをしながら、上野山をめがけて一目散に走り出す。その彼を追いかけるようにチームメイト全員が上野山のもとに駆け寄って輪を作った。「勝って泣け」の教え通り、誰もが勝って、泣いていた。

「とにかくめっちゃ嬉しいです。僕らが上野山さんにとって初めての卒業生ということもあって、監督への感謝の気持ちを示すためにもなんらかのタイトルをあげたかった。

それを実現できてすごく嬉しい。本来ならもう少し点を取れた試合だったという反省もありますけど、とにかく嬉しいです」（宮本）

上野山もまた、釜本FC時代から数えると就任8年目にして初めて送り出す『卒業生』の快挙に、目を細めた。

「細かく言えば課題はありますけど、勝ったことがすべて。素直に嬉しいです。今年、初めて卒業生を送り出す上でも集大成というか…そんな大層な話でもないですけど、とにかくこれから先、それぞれの選手が、いろんな道に進むにあたって今日の結果が人生の糧になってくれたら嬉しいです」

ガンバの歴史がスタートした翌年に、ガンバアカデミーもその歴史をスタートさせた。小学生年代のジュニアチーム、中学生年代のジュニアユースチームは、釜本FCが基盤になったが、釜本FCには高校生年代のユースチームがなかったため、ガンバユースは釜本FCの卒業生と上野山自らが発掘した選手たちが一期生となった。当時は、高校サッカー全盛期。海のものとも山のものともわからないJクラブの下部組織に対する世間の理解も低く、選手を集めることよりも以前に、いかに認知させるかの戦いだったと上野山は言う。

「今でこそ育成の大切さを説くクラブも多くなりましたが、Jリーグが発足した当時は、どこもトップチームのことしか関心がなく、マスコミに取り上げられることもほぼありませんでした。明らかに高校サッカーの方が人気は高く…Jユースカップなどテレビ放送される大会もあったとはいえ、高校サッカー選手権の注目度の高さに比べたら雲泥の差でした。また育成は、すぐさま結果で表れるものではないですから。クラブにもよく『赤字だ！　赤字だ！』と怒られました。

そのたびに『赤字ではなく先行投資です』と言って食い下がり、一貫指導体制を敷くことの将来的な効果や、下部組織で育てた選手が将来プロになったらどんな利益をもたらしてくれるのか、といった『10年ビジョン』なるレポートを作成して説得したのを覚えています。結果的にクラブに理解していただき、アカデミーとしての現在の姿がありますが、それでも毎年のように『赤字だ！』とは言われ続けていました（笑）」

一からチームを作った利点は確かにあった。先輩選手が存在しなかったため、宮本ら一期生が高校1年生のときから必然的に公式戦の経験を積めたのも一つだろう。事実、のちにプロになった宮本は、ユース時代の一番の思い出に1年生の一年間を挙げている。

「ユース時代の一番の思い出は、1年生だけのチームで7月の終わりにクラブユース選手権に出場し、準優勝できたこと。他のチームはほとんど3年生主体だったのに、そこまでやれたのは自信になったし、自分が成長を求める上で、またプロを目指す上で、力になった」

奇しくも、そのクラブユース選手権の決勝で敗れた相手が、2年後のJユースカップの舞台で倒したV川崎ユースだったことも、ガンバユースの3年間での成長を実感する出来事だった。

1996年

天敵からの初勝利

「ようやくヴェルディに勝てた。嬉しいなんてもんじゃない」

――松波正信

思えば、かつてヴェルディ川崎はガンバの天敵だった。Jリーグ開幕の1993年から始まった連敗記録は、1995年を終えた時点で12。カップ戦を含めると公式戦15連敗という屈辱を味わっていた。1994年のナビスコカップ準決勝で1－7の大敗を喫した際は、Jリーグの川淵三郎チェアマンから「戦う意志がないチームはどうしようもない。ガンバなんて消えてなくなればいい」と苦言を呈されたこともあった。

その状況にケリをつけたのが1996年4月20日の対戦だ。この日もV川崎に2点を先行される苦しい展開となる中、後半に入り平岡直起、森下仁志のゴールで同点に追いつくと、とどめを刺したのは、後半25分から途中出場でピッチに立った松波正信。後半42分、木山隆之のミドルシュートを相手GKが弾いたこぼれ球に詰め、右足を振り抜いた。

「おいしいところだけを持っていって申し訳ない。ようやく勝てた。嬉しいなんてもんじゃないです」(松波)

煮え湯を飲まされ続けてきた相手からようやく奪った初勝利に、試合後は安堵の表情を見せた。

これを機にガンバのヴェルディ川崎に対する苦手意識も払拭されたのだろう。以来、1997年はカップ戦を含めて3戦全勝を飾るなど不名誉な記録は過去のものになった。中でも痛快だったのは2005年に、11年前のスコアとは反対の7－1で圧勝したこと。ホーム万博記念競技場で、J1リーグにおけるクラブ史上最多得点を記録するとともに、相手にクラブ史上ワーストタイ記録となる失点数を突きつけた一戦だ。

2005年7月2日、日本代表戦による約1カ月半の中断期間を経て迎えたリーグ再開初戦。シーズン序盤は引き分けが多かったガンバにとって、ようやくエンジンがかかり始めたタイミングでの中断期間が、今後の戦いにどう影響を及ぼすかという意味で、東京ヴェルディ戦は、シーズンの明暗を分けるポイントだった。

「自分を含めて代表戦で離れていた選手もコンディションはいいし、既存の選手ともうまく融合できている。しっかり首位に追随できるように、どんな流れになっても慌てずに、勝ち点3を求めた戦いをしたい」(宮本恒靖)

試合2日前に西野朗監督から3バックの真ん中で先発することを伝えられていた宮本は表情を引き締めた。日本代表としてコンフェデレーションズカップでも活躍を見せた大黒将志も、過去の対戦で7戦5発と相性のいい相手との一戦に「点を取って勝ちます」と自信をのぞかせた。

その決意のままに、前半44分にアラウージョのゴールでリードを奪って折り返したガンバは、後半に攻撃陣が爆発。後半開始早々に大黒が追加点を奪うと、そこからは約5分刻みで取って、取って、取りまくる。終わってみれば7－1の圧勝だった。

立役者になったのは、Jリーグでは自身初となるハットトリックを達成したアラウージョ。しかも、驚くべきは彼が全ゴールに絡んだこと。1試合4アシストは、リーグタイ記録でもあった。

「常に自分の意識を高く持ち続け、自信を持ってプレーすること。それが結果につながった。自分の中ではゴール以上に、アシストの方が印象に残っている。この試合で、この先もJリーグで結果を出していくことへの自信、これだというものを掴めた気がす

る」（アラウージョ）

ピッチで示す姿とは対照的に、いざピッチを離れるとシャイで控えめな点取り屋は静かに喜びを表した。得点王を争うチームメイトで、この日も2ゴールを挙げた大黒の活躍にも触れ、「彼のようなライバルがチーム内にいることは僕にとってもチームにとってもプラスに働く」と笑顔を見せた。

この結果、チームは2位に浮上。得点王争いでも大黒が首位に（12得点）、アラウージョが2位（11得点）に躍り出る。これで勢いづいたガンバはその後も白星を重ね、第22節に再び迎えた東京ヴェルディ戦で、またしてもアラウージョがゴールを奪って1－0の勝利。この結果、このシーズンで初めて首位の座を捉え、Jリーグ初制覇へのカウントダウンが始まった。

1996年

「チームとフロントが同じ目的に向かって進まない限り、不可能は可能にならない」

――礒貝洋光

チームの顔が浦和へ移籍。一時代の終わり

初めて取材をしたときから、とにかく強烈なインパクトだった。風貌も、眼光の鋭さも、発言も、天才と称されたそのプレーも。礒貝洋光がボールを持つだけでスタンドがどよめき、ため息が漏れる。そんな特別な輝きで人気を博した。

何を尋ねても、どこか本音を隠すような物言いも魅力だった。プロになって初めて日本代表に選ばれたときは「ガンバから4人も入ったのは嬉しいけど、チームの成績が良くないから嬉しいやら、悲しいやらだよ」。1994年にキャプテンに就任した際は「俺をキャプテンにしておかないと勝手なことを言うからじゃない?」と報道陣を笑わせた。彼が考えるキャプテンシーについて尋ねると、「その答えが出るのは、3年後くらいかな。そのときは俺も鹿島アントラーズのサントスくらい走れているはずだよ(笑)。

あいつ、マジでスゲーわ」とはぐらかされた。

1994年4月の鹿島戦で、観戦に訪れていた日本代表のファルカン監督の目の前で芸術的なシュートを叩き込んだのも印象的だ。

「あんまりきれいに決まっちゃったから自分でもおかしくなっちゃった（笑）。実は、右足の甲を痛めていたし、左ふくらはぎの調子も良くなかったから、右のアウトサイドしかボールを蹴れる箇所がなかったんだよね。イメージとしてはもうちょっとフワ～っといく予定だったけど…ま、結果、イメージ通りということでいいか（笑）。自分でもあんなことができるのかと思ってびっくりした。さすがJリーガーだわ、俺。10番が似合うよね」

アシストか得点か。どちらが「自分らしいか」と尋ねたときも、礒貝節が飛び出した。

「最近は得点の方が賞金もらえるから嬉しいかな（笑）。特に均衡を破るゴールとか、チームの勝利を決定づけるゴールは最高。ただパフォーマンスはあまりしない。俺、体力ないからそんなところに体力使ったらもったいない。プレーで魅せられたらパフォーマンスなんてしなくてもお客さんは喜んでくれるでしょ」

そんな彼が、チームを離れるかもしれないという噂が立ち、直接話を聞こうと練習場に足を運んだのは1996年11月21日のことだ。こちらが尋ねる前にニヤッと笑い、「俺、ガンバが大好きだよ」と先手を打たれた。

「ガンバが好きだから、ダメだったらいつだって辞める覚悟はできている。スポーツ界は実力の世界だもん。やることをやってダメならしょうがない。それがプロでしょ」

そこからゆっくりと胸の内を言葉に変えた時間は、1時間にも及んだ。


「ずっと注目されて、正直、ガンバに来てからも毎年のように移籍の話はもらった。でも俺はガンバが大好きだったし、ガンバには若くて有能な息子がたくさんいるから見捨てるわけにはいかないなと（笑）。だから、いつかこのチームも変わる、もっと良くなると信じてやってきた。ただ…ナポレオンは『吾輩の辞書に不可能の文字はない』って言ったけど、俺はあるんじゃないか、と思う。それが最近になってようやくわかってきた。チームが強くなるにはきちんとした理由がある。チームだけでもダメだし、フロントだけでもダメ。その両方が同じ目的に向かって進まない限り、不可能は可能にならない。今はそう思ってる。ただ俺はこのガンバにいる間に自分がやれること、やるべきことは全部やった。ときに自分のサッカーを捨ててでも。それは当然だと思う。

あるレストランに食事に行ったとき、オーナーに聞いたんだよ。『すごく流行っているけど、イメージ通りの店だったの？』って。そしたら『自分としてはこんな店にしたくなかった。でもお客さんに喜んでもらおうと思ったらこうなっちゃったんだよ』って言ったんだ。それと同じで、どの世界でも結果を求めようと思ったら、思いきって自分のビジョンを捨てることも、ときには必要だと思う。だから俺も自分のサッカーを捨ててやってきた。ガンバのために。ファンのために。みんなが喜ぶなら信念を曲げてでも勝つことを求めるのがプロだとも思う。で、聞きたいのはなんだったっけ？（笑） 移籍の話だよね？ 悪いけど、今はまだ明かせない。言えることがあるとしたら、今年最後のタイトル獲得のチャンスである天皇杯にとにかく全精力を注ぐってこと。そのピッチで俺のすべてを伝えたいと思う。まあ、見ててよ」

その天皇杯準々決勝。京都パープルサンガ（現京都サンガF.C.）と対戦したガンバは、礒貝の1ゴール1アシストもあって3－2で勝利し、3年連続となる準決勝に駒を進める。だが、準決勝の壁はまたしても破れず、サンフレッチェ広島に0－2で敗戦。試合終了間際には本並健治が退場し、交代枠を使い切っていたため木山隆之が急遽ゴー

Panasonic
10
Kodak
3

ルキーパーを務めることに。その直後、木山は相手のエース、サントスの強烈なＦＫ（フリーキック）をセーブするなど執念を示したが、礒貝のタイトルへの思いはまたしても叶わなかった。

そうして無冠でシーズンを終えた翌１９９７年1月13日。ガンバの一時代の終わりを告げる、礒貝の浦和レッズへの移籍が発表された。のちに礒貝はこのときの移籍を彼らしい言葉で振り返っている。

「ガンバを去るにあたって一つだけ心残りがあって。１９９７年からガンバって縦縞のユニフォームになったでしょ？　あれ、実は俺が提案したの。１９９６年のシーズン後にクラブの人に相談されたから『縦縞がいい！』って伝えたら、それに決まっちゃった（笑）。でも１９９７年に浦和に移籍したから、俺はそのユニフォームを着てないんだよ。あれは残念だった」

第2章

若い力の台頭

1997年

クラブ史上初、飛び級でのトップチーム昇格

「将来は絶対に僕らの時代がくると思うので、トップに上がってガンバを強くしたい」

――稲本潤一

Jクラブならではの育成システム『飛び級』をいち早く導入したガンバで、その第一号選手になったのが、稲本潤一だった。1996年、ユースチームで圧巻の存在感を示していた稲本はトップチームの練習に合流する。高校2年生だった。

しかも、同年6月にはニューカッスル・ユナイテッド（イングランド）とのプレシーズンマッチでトップチームの試合に出場。その抜擢が間違いでなかったことは、彼がピッチに立った15分間で証明される。プロ選手に混ざっても引けを取らない足元の技術、正確なキックから繰り出されるサイドチェンジにスタンドからはため息が漏れた。

もっとも、本人は「緊張はしなかったけどプレーはガチガチでした」と振り返った。

「15分しか出場してないのにヘトヘトです。プレッシャーもプレースピードも、ユース

とは全然違った。でもやれるんじゃないか、という手応えはありました。トップチームで一緒に練習をさせてもらっていたときから、スピードに慣れたらやれるんちゃうかって思ってたけど、それが確認できた感じです。でも緊張はしなかった。相手チームにコロンビア代表のアスプリージャとか、フランス代表のジノラとか、すごい選手がいたのを試合が終わってから知ったのがよかったのかも（笑）」

翌1997年はJリーグ開幕戦に先発出場し、最年少出場記録を塗り替える17歳6カ月でリーグ戦デビューを飾ると、その8日後には17歳7カ月でリーグ最年少得点記録を樹立。前者はこの年に加入したエムボマの度肝を抜く伝説のスーパーゴールに、後者も同じくエムボマの2ゴールにややかき消された感もあったが、ホームの万博記念競技場で現役高校生が残した2つの快挙は、間違いなく新たな時代の幕開けを予感させた。

Jリーグ初ゴールを決めたあと、喜びもせずにポジションに戻ったのも印象的だ。すでにチームが3得点を奪っていた状況に、勝利を確信していたからかと思いきや、真相は違った。

「もう、めっちゃ疲れていたからガッツポーズとか、パフォーマンスをする余裕はなかったです。記録？　生まれるのが早かっただけなんで特に意識してないです」

落ち着き払ったプレーに高校生であることを忘れていたが、この試合でカップ戦を含めると9試合目の先発出場。疲労はピークに達していたのかもしれない。だが、翌日が転入予定の向陽台高校の始業式だと聞いて、現実に引き戻された。

「毎日、自宅と学校、クラブの間を移動するだけで3時間半くらいかかるんです。小学6年生のときからやからもう慣れましたけど、自分の時間がまったくないのは…ちょっと辛いかな（笑）。でも夢を実現するためにサッカーをしているので、今はとにかくサッカーが一番だと思っています。最近は試合にずっと使ってもらってますけど、まだプレーに波があるし、毎試合、足がつりかけているか、つっているかのどちらかなんで、その辺りをどうにかしたい。あと最近たまに眠れないことがあって…こんなプレーができたらいいなって想像してたらどんどん目が冴えていくのも辛い（笑）。しかも夢の中でめちゃめちゃすごいプレーをしていますからね。それが現実でできたら最高やけど、そんなんしたら試合後、お立ち台で喋らなあかんでしょ？　あれ、めっちゃ苦手なんですよ。この前、初めて上がったときもほんまに緊張して、何を言ったか全然覚えてない（笑）」

初々しい表情で話していたのも懐かしい。

自身の言葉にもあるように、稲本の『飛び級』人生は、小学6年生のときにスタートした。その年からガンバジュニアユースの練習に参加すると、中学3年生だった1995年にはエクアドルで開催されたU－17世界選手権（現U－17ワールドカップ）に出場。早々に世界を知った経験は、その舞台でプレーすることへの憧れを強くした。

代名詞ともいえるボランチに転向したのは中学3年生のとき。アカデミーでより磨きをかけた足元の正確さをベースに多彩な長短のパス、キックで中盤を彩った。彼がJリーグデビューを果たした1997年は『エムボマ旋風』が巻き起こり、2ndステージでは2位と結果を出したガンバだが、それまではどちらかというと下位に甘んじることも多かった時代。そのことについて高校1年生のときに聞いたコメントが残っている。

勝気な稲本らしい言葉が並ぶ。

「子どもの頃から強いチームでやるより、弱いチームを自分で強くしていく方が好きでした。Jリーグはどちらかというと関東の方が強いし、注目されていますけど、ユースは関西の方が強いし、将来は絶対に僕らの時代がくると思うので、トップに上がってガンバを強くしたいです。目標は、お客さんが見に行きたいと思う選手になること。僕のプレーってそんなにテレビには映らんから（笑）。今いるガンバユースは攻撃的なチームな上に、1ボランチなので大変ですけど、やりがいはあります。少人数でどう守るか、周りの選手をいかに動かしてバランスが崩れないように攻撃の形を作るかとか、いつも考えています。カズさん（三浦知良）とか派手な選手は見ていて楽しいけど、自分には性に合わない。僕は目立たなくてもいいから、効いてる選手になりたいです」

その後、着実に成長を遂げた稲本は、ガンバ屈指の人気選手に。稲本見たさにチケットは飛ぶように売れ、『稲本人形』『稲本キーホルダー』を売り出せば完売。日本代表としての人気も相まって2001年のイベントでは定員700人の会場に、6200人を集めたこともある。

そんな彼の『初』の極め付きは、2001年7月にアカデミー出身者では初めてとなる海外移籍を実現させたこと。行き先は、イングランドの名門アーセナルFC。日本人として初めて、プレミアリーグへの道を切り拓いた。

1997年

『浪速の黒豹』の衝撃

「ここまで充実感を覚えたのはサッカー人生で初めてだった」

――エムボマ

一瞬、何が起きたのかよくわからなかった。1997年4月12日、万博記念競技場にベルマーレ平塚（現湘南ベルマーレ）を迎えたJリーグ開幕戦だ。3点のリードで迎えた後半27分。左サイドで松波正信からパスを受けたエムボマは、相手ディフェンダーに当たって宙に浮いたボールを右足で収めたあと、反転しながら左足で背中越しにボールを浮かせて相手を抜き去り、最後はボレーで左足を振り抜いた。

「興奮してどんなシュートだったかよく覚えてない。だけど、これまで決めたゴールの中で一番、素晴らしいゴールだったのは間違いないと思う」

チームとしても、それまで下位に低迷するシーズンが続いていたからだろう。この日、ホームの地に集った観客はわずか6205人。現役カメルーン代表がピッチでダンスを舞うように、しなやかな動きで叩き込んだスーパーゴールを目の前で見た人が少なかったのは残念だったが、現場に居合わせたファン・サポーターはとんでもないものを見たという驚きを歓声に変えた。

その片鱗は、リーグ開幕に先駆けて行われた試合でも示していた。大阪ダービーながら36645人しか集まらなかったプレシーズンマッチ、セレッソ大阪戦で2ゴールを奪うと、続くナビスコカップでも第1節・コンサドーレ札幌（現北海道コンサドーレ札幌）戦、第2節・横浜マリノス戦でそれぞれ2得点と加入からあっという間に6ゴールを挙げて違いを見せつける。

『神様、仏様、エムボマ様』

サポーターがスタンドに掲げた横断幕通り、ピッチで示すパフォーマンスはどれもが神がかっていた。

そんなエムボマに引っ張られるようにガンバも躍進。低迷した前年が嘘のように白星を重ねる。1stステージ第9節・鹿島アントラーズ戦でのVゴールによる勝利でクラブ史上初の6連勝を飾り、初めて首位に立ったのも印象に残っている。その一戦で、左サイドの森下仁志が上げたクロスボールに合わせたのは森岡茂。そのままゴール裏に向かって走り出すと、サポーターとともに万歳三唱で喜びを共有する。まるで優勝を決めたかのような、お祭りムードだった。

また同シーズン、エムボマが記録した6試合連続ゴールも、いまだ破られていないクラブ記録の1つだ。そんな彼に牽引され、2ndステージでは終盤まで優勝争いに絡んだガンバだったが、第14節に行われた首位・ジュビロ磐田との直接対決を延長の末に落とし、優勝には届かなかった。

「磐田戦を落とさなければ、タイトルを獲れていたかもしれない」(エムボマ)

それでも、ガンバは当時のステージ最高順位となる2位という成績を収め、エムボマは得点王の称号を手に入れた。

得点王争いで見せたエムボマの鬼気迫るパフォーマンスも印象深い。すでに磐田の優勝が決まった中で迎えたホームでの最終節・ジェフユナイテッド市原戦。彼は痛めていた右足首に痛み止めの注射を打って臨み、2得点を積み上げる。前節の浦和レッズ戦で1ゴールを決め、得点ランキングトップのエジウソン(柏レイソル)に並んでいたエースが、トータル25得点で単独得点王の座を射止めた。

「シーズンをフルで戦ったのは自分にとって初めての経験。ここまで充実感を覚えたサッカー人生も初めてだった。チームメイト、スタッフ、周りで支えてくれた人に感謝したい。どんな国、リーグでもゴールを取るという仕事の難しさは変わらない。ましてや得点王になるにはどんな状態でもゴールを取らなければいけない。今日も僕の右足は、決していい状態じゃなかった。本来ならプレーできないくらい痛みを感じていた。でも決意を持ってこの試合に臨んだし、その思いが結果につながって嬉しい」

その言葉通り、決して一人で挙げたゴールばかりではなかった。同じタイミングで加入し、鋭いアシストを続けたクルプニや、2トップを組んだ松波らに助けられた部分も大いにある。もっと言えば、チームとしての戦術が徹底されていたことも大きい。当時のクゼ監督は「全員で走り回ってボールを奪い、カウンターでゴールを奪う」というサッカーを目指したが、そうした仲間の我慢がクラブ初の得点王という称号を引き寄せた。

余談だが、ピッチでは『浪花の黒豹』の異名通り、猛々しささえ感じる圧巻のパフォーマンスで気を吐いたエムボマも、ピッチを離れると日本をこよなく愛した。大好きだったのはうどん。大きな手で箸を器用に使いこなしていたのも懐かしい。時間が許せば、お寺や見知らぬ街を散策し、大阪をよく知るためにと「トレーニングに行くときは頻繁に道順を変えていた」。その後は、1998年のワールドカップ・フランス大会にカメ

GAMBA

ルーン代表として活躍したのち、同年7月にセリエAのカリアリに完全移籍。強烈なインパクトと、クラブ史上初のタイトル争いの楽しさを置き土産に、1年半でガンバをあとにした。

1997年

クラブハウスと練習場が田辺から万博へ

「自分たちのホームタウンという意識がより強くなった」

――斎藤大輔

ガンバ大阪の発足以来、京都府京田辺市にあった練習場（通称・田辺グラウンド）が、万博記念公園スポーツ広場内に引っ越したのは1997年3月のこと。それまでホームスタジアムは吹田、オフィスやグッズショップは新大阪、そして練習場は京田辺とそれぞれ違う場所にあったが、練習場の移転を機に活動拠点を一つにし、移転の目的の一つでもあった「地域に根ざしたクラブづくり」を本格的にスタートさせた。

総工費約10億円を投じた1517平方メートルを誇る2階建てのクラブハウスには、最新のトレーニング器機を揃えた筋トレルーム、小プール並みの広さの巨大な浴室、トレーナー室、仮眠室、多目的ホール、事務所、会議室、応接室、記者室などを完備。Jクラブでも随一の環境を整え、グラウンドにも見学に訪れるサポーターのためにベンチが設置されたり、選手との交流を図りやすいように導線も考慮された。
ホームタウン活動において今も使われている『My Town 'My GAMBA』というキャッチフレーズが生まれたのもこの時期。移転を機にクラブハウスの近隣、つまりはホームタウンに引っ越した選手、スタッフも多く、それによって『ホーム』に対する意識はより強くなった。
「自宅を練習場まで車で約10分の豊中市に引っ越しました。近所のお店の人たちともすでに仲良くなって、いろんなことを教えてもらっています。会うといつも『試合に出てるな、頑張れよ』って声をかけてくれるのも嬉しい。練習場の引っ越しで自分たちのホームタウンという意識がより強くなったこともあって、身内に励まされているような感覚。アットホームな感じがいいです」（斎藤大輔）
「去年（1997年）、首位争いをしているときに吹田市のお寿司屋さんに行ったら、ひょんなことから僕らがガンバの選手だということに気づいたお客さんたちと盛り上がって。『昔はよく見に行っていたけど、最近は足が遠のいてるなー』という人もいれば、『頑張っているのは知ってるで。テレビでも最近はよく取り上げられているしな。今度はスタジアムに応援に行くわ』って言われたりもした。初めて行く店で、初対面の地元

の人たちとそんなふうに話したのは初めてやったけどホームタウンならでは、という感じがして嬉しかった」（宮本恒靖）

この年から正式にプロ契約となった稲本潤一に至っては、実家から最寄りの駅まで自転車を飛ばし、天王寺、大阪、茨木と電車を乗り継いで、最後はバスに乗って練習場まで通っていたが、バスの車中でよく声をかけられると明かしていた。

「大阪市内では気づかれてないのか、あまり声をかけられないのに、茨木からバスに乗っていると、一緒になったファンの人によく『頑張れよ』って声をかけてもらえます」

とはいえ、当時は一大ムーブメントとなったJリーグ人気に陰りが見え始めていた時期。思えば、田辺グラウンドは交通アクセスが悪かったにもかかわらず、毎日のように2000人近いサッカーファンがグラウンドに押し寄せて人垣を作ったが、その頃は日本代表選手も在籍していなかったからだろう。1997年に日本代表が初めてワールドカップ出場を決めた『ジョホールバルの歓喜』や、1998年にワールドカップ・フランス大会によって再燃したサッカー人気がガンバに直結することはなく、練習場は閑散としていた。

もっとも、ファンとの交流がしやすくなったのは事実で、熱心なガンバファンの両親に連れられて新しい練習場にもよく通ったという宇佐美貴史も、のちにこんなエピソードを明かしている。

「クラブハウスから練習グラウンドに上がっていく緩やかな坂道のところで選手にハイタッチをしてもらったり、写真を撮ってもらった。松波さん（正信）、イナさん（稲本）、クルプニ、バブンスキーとか。1歳のときに松波さんに抱っこされて写っている写真も残ってます」

そんなふうにファンとの距離を縮めるきっかけにもなった練習場移転は、「地域に根ざしたチームづくり」をより加速させた。事実、あれから四半世紀近い月日が流れた現在、ガンバのホームタウンは、吹田市、茨木市、高槻市、豊中市、摂津市、池田市、箕面市、島本町、豊能町、能勢町、交野市、門真市、四條畷市、大東市、寝屋川市、枚方市、守口市の14市3町に。北摂・北河内地域のシンボル的な存在になっている。

1999年

大学生Jリーガーのデビュー戦初ゴール

「監督が使い続けたいと思える選手になろうと考えていました」

――橋本英郎

「デビュー戦でゴールを決められるとは…自分でも信じられない」

プロ2年目の1999年4月7日。ナビスコカップ1回戦・川崎フロンターレ戦の遠征メンバーに初めて名を連ねていた橋本英郎は、試合直前にアントネッティ監督からスタメンを告げられた。ポジションはトップ下。本来のボランチではなかったが前半11分、右サイドからのセンタリングをピオトルがニアサイドに落としたこぼれ球を肩で押し込み、プロ初ゴールで起用に応えた。相手ゴールキーパーがかき出したようにも見えたが、副審がゴールラインを割っていることを確認し、フラッグが上がった。

「最初はゴールかわからなかったけど副審が旗を上げていて決まったんだ、と。かなり嬉しかった」

ジュニアユース、ユース時代からガンバアカデミーに所属した生え抜きとはいえ、「プロは目標ではなかった」と言う。現にユース時代に描いていたのは「大阪で開催されるなみはや国体（1997年）のメンバーに入ること」。しかもサッカー選手としてステップアップするためではなく、大学進学のためだった。

「ジュニアユースに加入するまでは井の中の蛙で自分がうまいとばかり思っていたら、ガンバに来たらイナ（稲本潤一）がいて、もうビックリして。同じ年とは思えないくらいうまかったし、あまりのレベルの差に最初に考えたのは『やめようかな』ってことでした（笑）。ジュニアユースは当時100人くらいいましたけど…贔屓目に見て、自分は90番目くらい。その頃はまだミーハー的な感覚でガンバに入ってくる選手もいた時代だけど、どちらかというとそっちに紛れていました。でも、あまりに周りがうまいから、みんなどんどんやめていって1年生の段階で50人くらいに減ったんです。そこで粘って頑張っていたら、少しずつステップアップしていきました。

中学2年生のときも最初はCチームだったけど俊足を生かしてカウンターで点を決めていたら、足の速さを買われてAチームに入り、3年生のときにはレギュラーになれた。といっても、プロには全然興味がなかったです。それはユースになっても同じで…イナだけではなく、イバ（新井場徹）みたいなスーパーな選手が入ってきて余計にプロを現実的に考えられなくなった。自分の能力と冷静に比べて『彼らみたいな選手がプロになるんやろうな』と思っていたので、劣等感を抱くこともなかったです。それより国体メンバーになれれば、大学推薦をもらえるという話を聞いて、それはいいなと。僕は3人兄弟の末っ子で上の2人が大学受験で苦労しているのを見ていたから、楽できたらいいなって思っていました（笑）」

ところが人生は思わぬ方向に動いていく。高校3年生になり、西村昭宏監督のもとで論理的に体の使い方や戦術を学んだことでサッカーへの探究心が深まり、それが選手としての成長に拍車をかけた。しかも3年生の夏には、練習生の扱いながらトップチーム昇格の話が舞い込んだ。

「正直、驚きましたけど、練習生でも上がってしまえばなんとなくやれる自信はあったので、やってみたいなと。ユース時代は正直、勉強のことも頭にあって塾に行ったりもしていたけど、プロになれば必然的にサッカー中心の生活になるからうまくなるかもって自分への期待もありました」

ただし、大学進学の上で、だ。

「高校も進学校でクラスメイトも大学に行くのが当たり前という雰囲気だったし、両親からも大学に行かずにプロの道へ進むのは許さないと言われてたので。それで学校の先生に相談したら指定校推薦で同志社大学への進学を勧められたんですけど、万博の練習場から京都の大学に通うのは無理だと思い、大阪市立大学に行き着きました。市大はセンター試験で基準となる点数を取れば、一芸入試で経済学部に入学できる制度があったので。その一芸の部分は、国体メンバーに選ばれたことでクリアして無事合格し、プロとしてのキャリアもスタートできました」

つまり、冒頭のプロデビューは大学2年生のときのこと。それを機にリーグ戦でも2試合に途中出場した橋本だったが、シーズン途中でアントネッティ監督が退任し、再び公式戦から遠ざかる。それでも周りの選手を参考に、自分に力を蓄える期間だと捉えながら、日々の練習から成長を意識して毎日を過ごした。

「ブレイクしても一瞬で消えていく選手、アカデミーから昇格してもほとんど試合に絡めずにチームを去る選手を見ていた中で、そうはなりたくない、と。だからこそチャンスがきたときに、監督が使い続けたいと思える選手になろうと考えていました」

それが実を結んだのはプロ5年目以降だ。２００２年に就任した西野朗監督のもと、右サイドなどで着実に出場時間を増やしていた橋本は、次第に西野ガンバに不可欠な駒として数えられるようになり、2005年には遠藤保仁とのダブルボランチが確立される。きっかけは、遠藤とともにボランチを任されていたシジクレイが同年7月の東京ヴェルディ戦で負傷交代したこと。試合途中にボランチに移った橋本は抜群のバランサーとなり、そのままポジションをものにした。

以降の躍進は説明するまでもないだろう。2005年に始まるタイトルの歴史を中心選手として後押しすると、2007年には日本代表に初選出。2008年、ACL（AFCチャンピオンズリーグ）制覇によって出場したクラブワールドカップ、マンチェスター・ユナイテッド（イングランド）戦での豪快なミドルシュートはもちろん、2009年のクラブタイ記録となる6試合連続ゴールも印象的だ。

「特に何かを変えたわけではないのにゴールが取れています（笑）。強いて理由を挙げるなら…ボランチより一つ前で出場するようになって、よりゴールへの意識が強くなったこと。あとは…連続ゴールの前から、いい形で相手のゴール前に飛び込めるシーンは増えていたんですが、最後のところで力が入って枠を捉えられなかったり、こぼれてくるボールがほんのちょっとズレて押し込めない、という感じだったんです。それが最近はなぜか僕のところにちゃんとこぼれてきてくれるようになりました」

そうして一歩一歩、堅実に自分の現実と向き合いながら、キャリアを切り拓いた橋本は、42歳になった今もＦＣ今治で現役を続けている。30代半ばには「40歳まで現役」を目標に掲げていたが、それもとうに上回った。そして、相変わらずロジカルにサッカーを追究することで、年齢を重ねてもパフォーマンス低下を食い止められるということを証明し続けている。

2000年

志願の歴代最年少キャプテン

「僕は僕らしいキャプテンとしての姿を模索していこうと思う」

――宮本恒靖

2000年、宮本恒靖はプロになって初めてキャプテンに就任した。23歳。しかも志願して、だ。1997年の2ndステージで初めて優勝争いに絡み、チーム最高順位の2位になったものの、1998年以降は再び成績が下降線を辿っていた中で、1999年のシーズン終了後の契約交渉の場で自ら切り出したという。

「チームがなかなか変わっていかないもどかしさを感じていた中で、その雰囲気を変えなあかん、変えたいなと。そのためにはキャプテンという肩書きが欲しかったというか。先輩選手も多い中で自分の考えを明確に言葉に変えていきたいという思いもあり、早野(宏史)監督に気持ちを伝えて『やってみろ』と言ってもらいました」

当時のガンバは、稲本潤一、新井場徹、二川孝広らアカデミー出身の若い選手がレギュラーに定着し始めていた時期。アントネッティ体制ではボランチを預かることが多かった宮本も、早野が監督に就任した1999年には「一番勝負したいポジション」と言っていたリベロに定着し、自信を蓄えつつあったのだろう。アカデミー一期生としてトップチームに昇格して5シーズン目。異例の若さでキャプテンに就任した彼は、元イタリア代表のキャプテン、フランコ・バレージを理想のキャプテンに挙げ、自身が思うリーダーシップについて語った。

「あくまで記事などを通して知っているバレージですが、あの存在感はすごい。1994年のワールドカップ・アメリカ大会が始まってすぐに怪我をしたのに、驚異的な回復力で決勝の舞台に戻ってきて、あれだけのパフォーマンスができるって…なんというか、言葉では表現しがたいすごみを感じた。残念ながら試合には負けてしまったけど、あのメンタリティーには感服でした。ただ、僕はバレージになれるわけではないし、僕は僕らしいキャプテンとしての姿を模索していこうと思う。イメージは、最初から口でガミガミ言うというより、まずは自分が与えられた仕事をきっちりした上で、監督が思い描くサッカーを具現化していく先頭に立つこと。それによって周りに認められる存在になったら、必要なときに適した言葉をかけたり、行動できるようにしていきたい」

宮本がそのバレージと似た執念を示したのが、Jリーグ初制覇を飾った2005年だ。そのときにはすでにキャプテンの座を退いていたものの中心選手として活躍。チームも前年に続いて優勝争いに顔を出す。第22節でいよいよ首位を捉えてからも順調に勝ち点を積み上げていく姿は、それまでガンバが繰り広げてきた優勝争いとは明らかに毛色が違い、クラブ史上初タイトルへの期待を膨らませた。

そんな中、宮本にアクシデントが起きたのは、10月22日の第28節・大分トリニータ戦だ。大分に2点を先行されたガンバは気持ちの焦りからか、まったくもって「らしい」攻撃を示すことができない。後半29分に遠藤保仁の直接FKが決まり1点差に詰め寄ったものの明らかに流れは悪く、後半41分には相手選手との接触でピッチに倒れ込んだ宮本が負傷交代になってしまう。結果、黒星を喫したガンバと2位・鹿島アントラーズとの勝ち点差は2に縮まった。

衝撃だったのは試合後、宮本がロッカールームから松葉杖をついて出てきたこと。その姿は、ナビスコカップ決勝やリーグ戦の残り6試合を宮本不在で戦うことを覚悟させ、チームに大きな打撃を与えた。翌日発表された診断結果は右膝内側靭帯損傷、全治4週間。2001年と2002年に二度メスを入れていた箇所を再び痛めたこともあり、残り試合への出場は絶望視された。

ところが、宮本は11月12日、ホームでの第30節・浦和レッズ戦に戻ってきた。第29節のFC東京戦で連敗を喫し、2位との勝ち点差がいよいよ『1』に縮められた状況に思うところもあったのだろう。驚異的な回復力を示し、負傷から9日後の10月31日にグラウンドに出てボールを蹴り始めると、11月2日には全体練習に合流。11月5日のナビスコカップ決勝では後半44分からの途中出場で戦列復帰を果たした。

残念ながらそのナビスコカップはPK戦の末に敗れたが、宮本の復帰はプレッシャーに苦しむチームの活力に。事実、彼が先発に復帰した浦和戦を2－1で制したガンバは首位の座に踏みとどまる。以降も右膝をテーピングでぐるぐる巻きにしながら最終ラインに立ち続けた彼の気迫にも牽引され、最終節・川崎フロンターレ戦を迎えたガンバは、憑き物が取れたかのように攻撃サッカーが躍動。『取られても取る』姿勢を貫いてゴールを目指し、遂に頂点に立った。そのど真ん中で戦い続けた宮本の姿は、まさにかつてのバレージを彷彿とさせるものだった。

その後、レッドブル・ザルツブルク（オーストリア）、ヴィッセル神戸でキャリアを重ねた宮本は、2011年限りで現役を引退。元Jリーガーとしては初のFIFAマス

Yellow Hat
6
Panasonic
5

ターを取得したのち、２０１５年に古巣に戻り、ジュニアユースコーチ、ユース監督を経て、２０１７年にはガンバ大阪U－23の監督に。そして２０１８年夏、アカデミー出身者として初めてトップチームの監督に就任し、同年7月28日の鹿島戦で初陣を迎える。

「鹿島のレベルの高さを肌で感じて、受けに回るシーンもありましたが、徐々に上回っていけたところもあった。試合がどう変化していくのか、どちらのチームが優勢になっていくのか、という流れを感じながら冷静に指揮を執ったつもりです」

残念ながら、その試合は引き分けに終わったが、その約2週間後のＦＣ東京戦で監督としての初白星を掴む。試合終了間際に追いつかれながら、アディショナルタイムで突き放す、劇的な勝利だった。

「みんなが欲しかった勝利。ハードワークが結果につながった。サポーターにずっと勝利を届けたいと思っていましたが、今日はようやくそれができた」

奇しくも、相手チームを率いていたのは、元ガンバ監督の長谷川健太だった。

2000年

シンデレラボーイの大阪帰還

「ガンバのためにどれだけゴールを決められるか。それだけを考えます」

――吉原宏太

所属元のコンサドーレ札幌に自ら願い出た移籍だったという。プロ4年目を戦い終えた1999年。第74回高校サッカー選手権大会で初芝橋本高校のエースとして得点王に輝き、チームのベスト4進出に貢献したシンデレラボーイは、将来を見据えて決断した。

「札幌にはめちゃ愛着はあったたし、たくさんのサポーターに応援されて幸せやったけど、このまま札幌にいたら選手としてダメになるんちゃうかと思ったんです。1年目はJリーグに昇格できずに悔しい思いをして、2年目にJリーグに昇格できてめちゃ喜んで。3年目はJリーグでプレーできたけど降格して、1999年はJ2リーグを戦って…。個人的には日本代表に選ばれてコパ・アメリカに参加したけど、実感もなく…周囲が騒ぐほど自分はピンときていなかったたし、むしろ自分の中で物足りなさの方がどんどん大きくなっていた。

チームでも、まだまだ一人前ではないのに『札幌を引っ張っていってくれ』みたいに求められて…それを光栄に思う一方で、まだまだ僕は勉強しなあかんし、成長もしなあかんのに、そういう立場になるのは違うなと。下手したらそれによって自分の成長が止まってしまうかも、という危機感もあった。そういう自分への物足りなさを払拭するにはJ1クラブに行くべきやなと。それで1999年シーズン終了後の最初の交渉でクラブに移籍したいと伝えました」

その先がガンバになったのは実は、特に希望したわけではなかったそうだ。

「自分の気持ちを伝えて、交渉はクラブに任せました。J1のクラブからいくつか話をもらった中で、最終的には僕を求めてくれて、条件も含めて合致したのがガンバやった。大阪出身ですけど、地元だから選んだわけではないです」

ガンバがどんなサッカーをしているのか、あらたまって映像で見たこともなければ、システムさえも理解していなかったが、日本代表や五輪代表に名を連ねる同世代の選手が主力で戦っていることから受けるであろう刺激に魅力を感じた。

「競争は熾烈ですが、とりあえず一番下から始めます。自分が貪欲にサッカーと向き合って、日々、全力でプレーしていたらチャンスはくると思うし、自分も変化していくはずやから。それによってほんまの意味で日本代表の競争に食い込んでいけるようになって、誰もが認める存在になれたら、将来的な目標であるワールドカップ出場も近づいてくると思いますしね。そのためにも、まずはガンバで結果を残すだけ。ガンバのためにどれだけゴールを決められるか。それだけを考えます」

高校選手権での溌剌とした印象とは対照的に、22歳とは思えない落ち着いた語り口がアンバランスに感じたのを覚えている。

かくして吉原は、新天地で目を引く存在となっていく。完全移籍となった2001年からは2年連続で2桁得点を実現。2003年以降は大黒将志、フェルナンジーニョ、アラウージョらとの熾烈なポジション争いの中で控えに回ることが増え、Jリーグ初優勝を決めた川崎フロンターレ戦もベンチ入りはできなかったが、報道陣の前でも常に笑いを織り交ぜた軽快なトークを繰り広げて雰囲気を和ませた。

「正直、自分がピッチに立てなかった分、どことなく試合を静観していたところもあったんですけど、マツさん（松波正信）が出てきた瞬間から『マツさんが決めてくれたら、大喜びできるな』と思って身を乗り出して見ていました。最後、チン（寺田紳一）からマッさんにボールがきた！……と思ったら、やっぱりアラウージョに渡ってました（笑）。マッさんは僕がプロを目指していたときからガンバの象徴的な選手。同じフォワードとしてプレーはもちろん、その人間性も含めて愛すべき人やった。そんなマッさんの最後の試合を勝って、優勝までできてほんまに嬉しかったし、ビールかけもできて楽しかった」

吉原のガンバ加入の効果をしきりに口にしていたのは、その松波だ。

「宏太が入ってガンバはいい意味で雰囲気が変わった」

事実、関西のチームながらどちらかというと大人しい印象すらあったガンバだったが、吉原の加入はその雰囲気を大きく変えた。

「ガンバに入ったときの印象は、大人しい！ っていうのと…イナが中途半端な笑いを取ってるなってこと（笑）。関西出身の選手が多い割にキレのある笑いを取る奴がいなかったから、これは千載一遇のチャンスと思いました」

そんな吉原節炸裂の、仲間の素顔を暴く『おもしろトーク』を幾つか紹介しておこう。

「オグリ（大黒）って、ちょこちょこ髪型変えているけど、1週間くらいたったら必ず、あの坊ちゃんスタイルに戻ってる」

「キャンプで同部屋になったマッさんのスーツケースからメモ書きがはみ出していて、何が書いているんかと思ったら、『ハブラシ＝○』『ＤＶＤ＝○』とか、要はキャンプに持っていくものをチェックした用紙で。その上から2番目が『ルマンド＝○』やから。わかる？　お菓子のルマンド！　しかも『ルマンド』だけは2回も書かれていたからね。どんだけルマンドが好きやねん！」

「イバ（新井場徹）の携帯にイタズラをして、お母さんの登録のところを『サイババ』と勝手に変えた。そしたらタイムリーにも僕の目の前でお母さんから電話がかかってきて。案の定、本人は『サイババから電話がきた！』とあたふた。怖くて着信を無視していたのに、そのあともしつこくサイババが電話をしてくるから出たらお母さんやった」

「年末、全員でＪリーグアウォーズに出席するためにバスで横浜アリーナに向かっていたとき、普段はおとなしい入江（徹）が急に運転手さんに『と、と、止めてくれ～！』と絶叫して。驚いた運転手さんが慌ててバスを止めると、入江がドアに向かって突進し、ドアが開いた瞬間、バスを降りて猛ダッシュ。大都会とは思えない見晴らしのいい土手を50メートルほど駆け上がったと思ったら、小動物のように周りをキョロキョロと確認してその場に立ち止まり、夕日に向かって…。それ以上はプライバシーに関わるのでやめておくけど、ガンバの優勝とともに入江の成長を実感した瞬間でした。その姿も査定に入るなら間違いなくアウォーズでもMVPを獲れた」

ピッチでも、ピッチ外でもチームを盛り上げ続けた吉原のたくさんのプライドとゴール、そして笑いが詰まった6年間だった。

2000年

ヤング・ガンバの躍進

「1試合で2ゴールなんて一生ないかも。優勝？ 絶対狙います」

新井場徹

2002年から始まった西野ガンバの躍進を語る上で、その序章となったのが2000年の優勝争いだ。

早野宏史体制での2シーズン目を迎えていたガンバは、この年、キャプテンに就任した宮本恒靖や稲本潤一、小島宏美、都築龍太ら、20代前半の若い選手が躍動。1stステージこそ負けが先行して13位に沈んだが、2ndステージは開幕前のハードなキャンプが実を結び、開幕5連勝と勢いを示す。

「1stステージの15試合を分析し、あらためて失点の仕方、時間帯、ゲーム運びといった課題を明確にし、その中で見えた選手の持ち味、特徴といったプラス材料を再確認した上でキャンプに突入しました。かなり走らされたことも、1stステージで出た多くのミスを繰り返し確認する作業も、彼らには辛いものだったと思います。ただ、選手からは『もっとやらなければいけない』という思いが伝わってきたし、トレーニングにも自発的に取り組んでくれた。その上で初戦のヴェルディ川崎戦で結果を残せたことで勢いづいた。運もありましたけど、それを掴めたのは選手たちが苦しいトレーニングを乗り越えたからだと思う」（早野）

この年はシドニー五輪とアジアカップが開催されたため、２ｎｄステージは約2カ月半の中断期間を挟んだが、その直前の第10節・サンフレッチェ広島戦でも若い戦力が躍動し勝利すると、いよいよガンバは首位に立つ。１９９７年9月以来、約3年ぶりのことだった。

「まだ残り5試合あるので首位に立つのは早いくらいですが、いい雰囲気で中断に入れるのはいいこと。自分が決めたゴールを言うのはなんですけど、チームとして3点目を取れたのが大きかった」（稲本）

その勢いはリーグ再開後も止まらなかった。最初の試合となった11月8日の第11節・川崎フロンターレ戦は稲本が出場停止だったが、主軸の不在をものともせず同期の新井場徹が2ゴールを決めるなど輝きを放ち、４－０と圧勝して首位の座を守る。

「1試合で2ゴールなんて最初で最後。一生ないかも。優勝？　絶対狙います」（新井場）

直後の柏レイソル戦では退場者を出して1－3で敗れ、首位陥落とはなったものの、続く名古屋グランパスエイト戦は延長Vゴールでの逆転勝ち。先制を許したものの後半、途中出場の小島が同点ゴールを叩き込むと、延長前半2分には相手のパスミスからチャンスを作り出したニーノ・ブーレが勝負を決めた。これにより2位の座をキープしたガンバは、ホーム最終戦での首位・鹿島アントラーズとの直接対決につなげる。チケットは1994年6月以来、6年ぶりに完売。万博に練習場が移転してから初めてのことだった。

「Jリーグが発足した頃、万博は常に満員だった。そこからずっと満員になることがなかったと考えたら感慨深い。喜びを感じながらプレーしたいと思う」（宮本）

「内容は関係ない。大事なのは結果。とにかく勝って決着をつけたい」（ビタウ）

「守備の強い鹿島を相手に、フォワードとしてしっかり勝つための仕事をしたい」（吉原宏太）

だが、大一番への緊張もあってだろう。堅守速攻で勝ちを重ねてきたチームは鹿島戦の序盤から明らかに精彩を欠き、組織だったプレスも、選手が踊るように躍動する速攻も形を潜めてしまう。しかも、前半30分、36分には立て続けに失点。前半終了間際にFKの流れから新井場の強烈なボレーシュートで1点を返したあとは、左サイドを起点に相手ゴールを攻め立てたが得点には結びつかず1－2で敗れ、同時に優勝戦線からも脱落した。

「試合中、スタンドを見たら、立ち見のお客さんがいて。僕がプロになってそんな光景は見たことがなかっただけに、『ガンバが変わる日や』って思いながらプレーしていたけど、変わりきれなかった。それが悔しい」（宮本）

「今日、明日でチームが急に成長して強豪クラブと呼ばれるなんてことはありえない。悔しいけど、こうやってステージでの優勝争いを繰り返して、きっとチームは強くなっていく。そういう意味でもこの悔しさをクラブ、チームがどう受け止めていくかが大事やと思う」（稲本）

結果、2ndステージで4位となった若きガンバは、翌2001年に遠藤保仁、山口智らを獲得。ユースから昇格した児玉新、井川祐輔らも含め、さらに若返りを図りながら進化を見せ、いよいよ向こう10年の歴史を刻む西野ガンバにバトンをつないだ。

第3章

タイトルへの道

2001年

海外への扉を開き、アーセナルへ

「自分の中でようやく海外移籍も考えられるレベルになった」

――稲本潤一

2001年7月12日。ガンバの歴史にたくさんの『初』を刻んできた男は、この日、アカデミー出身選手として初となる海外移籍を実現した。行き先はプレミアリーグのアーセナルFC。シーズン前には「自分の中でようやく海外移籍も考えられるレベルになったので、チャンスがあるなら是非、海外にチャレンジしたい」と公言していた中での決断だった。

「素直に（海外移籍が）決まって嬉しいです。いろんなオファーがあった中で、もっと下のステージのチームで試合に出る経験を積んで2002年の日韓ワールドカップを目指すことも考えましたが、サッカー人生はその先も続きます。アーセナルでたとえ試合に出られなかったとしても、練習から揉まれて、いろんなことを学ぶことが今後の自分にも必ず生きると思いました」

シーズン前から彼を取り巻き続けてきた喧騒に終止符が打たれ、いささかホッとしたのかもしれない。前日のうちに仮契約書にサインをした上での会見では終始、笑顔で受け答えをしていたのも印象的だった。

もっとも、ラストマッチは感情が揺れた。

ホームで戦った7月21日の鹿島アントラーズ戦。チケットは早々に完売。試合2日前の練習場には400人、前日には600人近いファンが詰めかけ、惜別ムードに包まれた中でも笑顔で対応していたが、さすがにアカデミー時代から慣れ親しんだ思い出の万博記念競技場でのラストマッチとなれば、胸に迫る思いがあったのだろう。いや、試合中は当然、そんなそぶりは一切なく、攻守に存在感を発揮。後半には豪快なミドルシュートを放つなどチーム最多のシュート数で気を吐いたが、試合後、ジョン・レノンの『IMAGINE』が流れるスタジアムでマイクの前に立つと、声が震えた。

「応援してもらったみなさんには申し訳ないですけど、アーセナルに行きます。泣くのを期待しているんじゃないかと思いますが…」

涙がこみ上げ、言葉に詰まる。

「え〜っと…これまでお世話になった選手、監督、支えてくれた友だち、何も言わずに応援してくれた家族、たくさんの皆さんに見送ってもらって幸せです。頑張ってきます。ありがとうございました」

　2万1598人の観客に向かって深く頭を下げる。生え抜き選手の大きなチャレンジに、スタンドではサポーターが惜別の横断幕を掲げた。

『ガンバの稲本から世界のINAMOTOへ』

『イナのサッカーをアーセナルで。うちらはずっとイナのファンやで』

　その光景を目に焼き付けるように場内を一周した稲本は、たくさんの拍手と歓声に応えながら、感謝を込めて自費で購入したサインボールを投げ入れる。最後はチームメイトの胴上げで宙を舞い、笑顔を見せた。

　その姿を見守っていたのが、アカデミー時代から稲本を育て、彼の『飛び級』でのトップチーム昇格を後押しした上野山信行だ。

「飛び級でトップチームに昇格した稲本を、当時のクゼ監督をはじめとする歴代監督が我慢強く起用し続けてくれたから今の姿がある。アカデミー時代から『世界に挑戦したいなら、止めて、蹴るという基本的な技術とキック力を磨け』と言い続けてきた。プロ

になってからもそれは彼の武器になったし、アーセナルでも十分通用すると思う。ぜひ自分の武器で強気に、ガンバの名前を世界に轟かせてもらいたいと思っています」

また、その稲本とユース時代からのチームメイトで、稲本よりやや遅れてトップチームに昇格し、この日も同じピッチに立った新井場徹も、親友のラストマッチで先制点をアシストするなど勝利に貢献。試合後には、新井場らしい言葉で送り出した。

「中学1年で大阪トレセンで初めて会ったときからずっとイナ（稲本）の背中を追いかけて、ずっと追いつけないままここまできた。イナのすごさをずっと近くで見てきたからこそ、アーセナルへの移籍に驚きはない。イナならやれる。また先を走られるけど、俺も追いつけるように…いや、僕に追いつかれるようなことにはなってほしくないな(笑)。とにかく、人のことを応援している場合じゃないので、僕もJリーグでしっかり頑張ります」

7月22日。ガンバの一員としてのラストマッチを3－1で締めくくった翌日、稲本は空港に詰めかけた大勢のサポーターに見送られて日本をあとにした。

2002年

『大黒様』伝説の始まり

「チャンスをもらったら点を取る。それがフォワードの仕事やから」

——大黒将志

「フォワードをやりたいです。やらせてください」

2002年、1年間のコンサドーレ札幌への期限付き移籍からガンバに復帰した大黒将志は、この年に新監督に就任した西野朗に申し出た。シーズンのスタートを告げるグアムキャンプでのことだ。22歳。チームの中では若手で、ましてやプロとしてまだ何も結果を残せていないことも自覚していたが「プロサッカー選手として生き残っていくために」と覚悟を決めた。

「それまでいろんなポジションをやっていたんですけど、自分が生きる場所はどこか、あらためて考えたときにやっぱりフォワードやなと。もちろん同じポジションにはマグロン、松波さん（正信）とか素晴らしい選手はいましたけど、競争はどのポジションでもあるし、それに勝たないと試合には出られないと思っていたので、そこは頭から外して、ピッチに立ったらひたすら点を取ることに集中していました」

といっても、すぐに試合に絡めたわけではない。事実、2002年のJリーグ出場はわずか6試合。2ndステージ第8節のベガルタ仙台戦でようやくシーズン初ゴールを刻んだものの、続けてピッチに立つことはできなかった。

それでも彼はこの年、大きな自信を掴む。きっかけは5月に行われたチュニジア代表とのプレシーズンマッチだ。この一戦に途中出場した大黒は同代表からゴールを奪った。

「公式戦にはなかなか出られなかったけど、練習試合で点を取り続けていたら、西野さんがチュニジア戦のメンバーに入れてくれたんです。いや、本当は…スタメンで出場する予定だった選手が遅刻してメンバーから外されて、僕が繰り上げでベンチ入りすることになった(笑)。しかも、残り30分で起用してもらったら点を取れて、3－0で勝てた。チュニジア代表に、ですよ！　これからワールドカップに出場しようとしている相手に点を決められて、これなら絶対Jリーグでも点を決められる、とめちゃめちゃ自信になった。西野さんは選手の名前やキャリア、年齢、国籍も関係なく、練習で調子がいい選手を起用する公平性のある監督。だから僕も常に、普段の練習から気持ちを切らさずにアピールしようと思っていました」

そこから大黒は、凄まじい覚醒を見せた。２００3年シーズン最初の公式戦、ナビスコカップの第1節・セレッソ大阪戦で先発出場を飾ると、Ｊリーグでも開幕スタメンの座を掴む。C大阪戦では松波が、Ｊリーグ開幕戦では吉原宏太が決勝ゴールを挙げたが、大黒も負けじと1ｓｔステージ第2節のジュビロ磐田戦でシーズン初ゴール。結果的にこの年は自身最多の26試合に出場し、初の2桁得点（10ゴール）を実現した。

「西野さんが我慢強く、僕を信頼して使い続けてくれたおかげです。実際、２００3年からの3年間はたくさんゴールを決めましたけど、同じくらいたくさん外しましたから。あとは松波さんにもめっちゃ刺激を受けました。松波さんは控えに回っても常に点を取ることを考えていたし、そのための準備も…コンディションの上げ方、試合の入り方、サッカーへの向き合い方など、学ぶことがすごくあった。僕よりキャリアのある松波さんがそんなふうに準備しているのに僕がサボるわけにはいかんやろ、と思っていました」

ポジションを不動のものにしたのは２００4年だ。この年に初めてリーグ戦で全試合出場を実現した大黒は、自己最多の20得点をマークし、日本人の得点ランキングで1位になる。その活躍が認められ、2005年には日本代表に初選出。当初は怪我人が出たことによる追加招集だったが、同年2月9日のワールドカップ・ドイツ大会アジア最終予選、北朝鮮戦の最終メンバー18人にも選ばれた。

「この試合で結果を出さなければおそらく二度と呼んでもらえない。チャンスをもらったら点を取る。それがフォワードの仕事やから」

試合前に話していた危機感が力として宿り、後半34分からピッチに立った大黒はアディショナルタイムに値千金の勝ち越しゴールを叩き込む。彼にとっての代表初ゴールは、その名を世間に知らしめる一撃になった。

驚くべきはその代表活動終了後、2月13日から宮崎・綾町キャンプに合流するはずが、日程を1日繰り上げて練習参加を志願したこと。「僕にとって大事なのはガンバで結果を出すこと」と決意を語ると、そのシーズンも前半戦だけで12ゴールを挙げる活躍を示し、Jリーグ初制覇に貢献する。同年、33得点を挙げて得点王に輝いたアラウージョとのエピソードも印象的だ。

「最初、加入したときはちょっと遠慮してるような感じで…僕とかフェル（フェルナンジーニョ）にパスばっかり出してくるから、別にパスは出さんでいいでと言ったんです。

俺も最初にシュートを狙っているから、お前もシュートが打てないときだけパスを出してくれたらいいって。そしたら、そこからめちゃめちゃシュートを狙いだして、それがバンバン決まって、パスもこなくなった（笑）。でも、ほんまに素晴らしい選手で一緒にプレーしていて楽しかったし、あいつのおかげで優勝できたと言っても過言ではない。いつもニコニコしてて、めちゃいい奴でした」

ガンバと日本代表での活躍にあやかって、『大黒様』の愛称で呼ばれるようになったのもこの頃。ホームタウンの吹田市内のショッピングモール内にあるガンバコーナーに『大黒神社』が登場し、打ち出の小槌やTシャツなど、さまざまな大黒グッズが売り出され人気を博した。

2003年

西野体制の継続に踏み切ったクラブの覚悟

「強いチームを作るには、ときに我慢も必要だ」

佐野泉

ガンバ大阪の歴史において、2002年に監督に就任した西野朗の功績はあらためて説明するまでもない。2005年のJリーグ初制覇に始まって、2007年には初めてナビスコカップで優勝。2008年にはJクラブとしては2チーム目となるアジア制覇を成し遂げると、同年と翌年に天皇杯連覇も実現した。2005年のJリーグ最優秀監督賞、2008年のアジア最優秀監督の受賞も、クラブ史上初の快挙。初優勝を果たして以降、2008年を除いて常にJリーグで3位以内の成績を収め、ACLに参戦し続けたことで、ガンバの名を国内にとどまらず、アジアでも広く知らしめた。

そうして目に見える結果を残しながら、監督として指揮を執った年数は、実に10年。Jリーグの監督最長在任期間を数えたこの記録はいまだ破られていない。2007年の

J1史上初の『150勝』も2009年の『200勝』も、ガンバの監督として打ち立てた偉業だ。

そんな西野のガンバでの10年を振り返るにあたって、大きな節目となったのは2003年だ。就任1年目となった2002年は1stステージ4位、2ndステージ2位で年間3位に導いたが、翌年は苦しみ、1stステージ12位、2ndステージ7位、年間10位と後退。クラブとしても4年ぶりの負け越しでシーズンを終えた。少しずつ右肩上がりの成長を遂げ、かつ前年は飛躍的な変化が感じられたシーズンだっただけに、周囲からは解任を求める声も聞こえてきたが、当時、代表取締役社長を務めていた佐野泉はいち早く監督続投の意を固め、表明した。

「強いチームを作るには、ときに我慢も必要だ。コロコロと指揮官が代わってしまっては選手も戸惑うだけだし、継続的なチーム作りは行えない。僕は西野監督の手腕も、その人間性も信頼している。彼にガンバを託そうと思う」

その数年後、佐野は任期満了に伴い代表取締役社長を退任したが、「実はあのとき、親会社にも西野でダメだったら自分が責任を取ると言って納得してもらった」と豪快に笑っていた。そんな佐野に対して西野も絶大なる信頼を寄せ、社長退任後も年に一度は必ず佐野のもとを訪れていたと聞く。

「佐野さんの後押しがなければ、ガンバでのタイトルも、今の自分もいない」

西野が退任後に話した佐野への感謝は、月日が経っても色褪せることはなく、2016年に佐野が病床に伏していた際も西野は遠路、佐野の自宅まで足を運び、「あれだけお酒を愛した佐野さんと、今回だけはケーキを食べながら会話を楽しんだよ」と明かしていた。それに対し、佐野も「僕が社長を退いたあと、西野がわざわざ僕のところに来てくれてな。これからは友人になってくださいと言ってくれたんだ」と頬を緩めた。

話を戻そう。そうして佐野を筆頭に一体感を強めた西野ガンバは、2004年は1stステージ4位、2ndステージ3位、年間3位と再び上位争いに顔を出し、2005年にJリーグ優勝を実現する。我慢の時期を乗り越えて辿り着いた、ガンバ史上初のタイトルだった。

2004年

史上最多得点で圧勝した正念場の大阪ダービー

「ベンチから試合を見て、久しぶりに呼吸ができた」

——松代直樹

大阪ダービー史上、最多得点を挙げて圧勝したのが2004年10月2日に戦った2ndステージ第8節だ。3試合白星がない状況で、優勝争いに生き残るには是が非でも負けられない正念場の一戦で、攻撃陣が躍動した。

牽引したのは、自身初のハットトリックを達成した大黒将志。3得点のうちの2点は、西野朗監督との居残り練習で鍛えたヘディングで叩き込んだ。

「クロスボールを上げ続けた成果があったよ。頭がうまく使えないと真のフォワードとは言えない。苦手な頭で2発と右足で1発だから今日に限っては合格点だな」(西野)

もう一つ、忘れられないのが、前年加入の吉田宗弘がこの試合でガンバデビューを飾ったこと。前半16分にフェルナンジーニョのゴールで先制したガンバだったが、その1

分後、吉田がファンブルしたボールをセレッソ大阪の大久保嘉人に押し込まれ、すぐさま同点に追いつかれてしまう。その状況はチームメイトの奮起を促した。

「ヨシさん（吉田）にようやくきたチャンス。あの失点シーンを見て、チームが（得点を）取るしかないぞとなったのが結果的に良かった」

振り返ったのはハットトリックを決めた大黒だ。遠藤保仁も、吉田への親しみを込めてミスをイジり、「ある意味、今日のMVP」と振り返った。

「ガチガチに緊張している姿を見てこれはヤバイなと（笑）。それでヨシさんがいくらミスしてもいいように、取りまくろうというスイッチが入った（笑）」（遠藤）

当時の吉田はすでに30歳。選手としてベテランの域に到達していたが、チーム内ではイジられ役のキャラクターだったからだろう。その吉田への愛がスイッチとなり、ガンバはそれまでの停滞が嘘のように攻撃サッカーを取り戻して2位に浮上した。

そしてもう一つ、この試合で記憶に残っているのは吉田と入れ替わり、久しぶりに控えゴールキーパーに回った松代直樹だ。西野ガンバがスタートした2002年の2ndステージでチャンスを掴んで以来、守護神としてピッチに立ち続けていた松代は、この大阪ダービーの4日後のインタビューでこんな言葉を残している。

「ここ最近、どことなく調子が悪いなというのを感じていて。チームも僕が入った頃のガンバとは大きく変わってきた中、試合に出続けているうちに少し自分のバランスを崩していたというか。メディアに取り上げられる回数が増えて、周りの活躍とか自分の評価とか、考えなくていいことを考えてしまい、自分が持っている力以上のものを出そうとしてしまったり、必要以上に気持ちを高めすぎていた。本来の僕は、練習でも試合でも、常に自分のできる範囲のことをマックスでやるタイプ。なのに最近は『もっとやらなあかん』『もっとできるはずや』って考え出して、余計なことをやってミスになり、プレーのバランスを崩していた。

その状況を監督が察してくれて『一度、外に出て客観的に見てみろ』と声をかけてくれてスタメンから外れたんですけど、実際にセレッソ戦でベンチから試合を見て、久しぶりにいろんなことをじっくり見れて呼吸ができたというか。ベンチワークとか、監督の言葉を聞きながら、監督がどういう流れのときに『攻めろ』と言っているのか、チームはどういう状況でスイッチが入っていくのかを確認できて、頭の中も整理されて気持ちを切り替えられた」

1997年に松代が加入してから7年の月日が流れ、チームは下位に低迷していた時代から大きく変化を遂げようとしている最中にあったからだろう。勝つことの楽しさ、勝ち続ける難しさをつぶさに感じ取りながら、松代もまたもがき、戦っていた。

その松代はといえば、大阪ダービー以降は再び守護神の座に戻り、2005年も正ゴールキーパーとしてスタートしたが、同年7月末に怪我で離脱。それを機に、新加入の藤ヶ谷陽介が台頭したこともあり、以降のシーズンは控えに回ることが増える。だが、急なチャンスでピッチに立っても、決まって安定したパフォーマンスを見せたのは、どんな状況に置かれても変わらない準備を続けてきたから。彼のラストマッチとなった2009年シーズンの天皇杯決勝での言葉も印象的だ。

実は準決勝の2日前に怪我をして離脱していた松代は、決勝の舞台に痛み止めを飲んでピッチに立っていた。西野に言われた「決勝までに絶対に治して戻ってこい」という言葉と、「それまでは100％でやってきたことを今年は120％でやってきた」という自信を力に変えて。

「決勝の先発は試合の日の朝に言われました。今日は同じゴールキーパーとしてともに戦ってきたフジ（藤ヶ谷）と敦志（木村）の分もと思ってピッチに立ちました。発表していなかったけど自分の中では7月に引退を決めていて、この試合がラストマッチだとわかっていたので、試合終了の瞬間、どんな気持ちになるのかなと思いながら戦っていました。でも今回の優勝も、過去のガンバの優勝と同じ嬉しさでした。それだけ自分が試合に出る、出ないに関係なく同じ温度で準備をしてきたということだと思います。いつもチームメイトに助けられてばかりでしたが、こうして勝って、優勝で現役生活を締めくくることができて幸せです」

現役生活のラストに見せた、晴れ晴れとした表情が眩しかった。

2004年

高校3年生がJリーグ初先発で魅せた左足の脅威

「圧倒的に技術が足りていない」

家長昭博

ユース時代から『稲本二世』と注目を集めてきた。スピードのあるドリブル突破、圧倒的なテクニック、重心の低い、強靭な肉体。左足から繰り出すシュートも切れ味鋭く、その雰囲気もどこか異彩を放っていた。思えば、1997年にクラブ史上初の飛び級でトップチームに昇格した稲本潤一が17歳6カ月でJリーグデビューを飾った際は、その言動に初々しさを漂わせたが、家長昭博にはどちらかというと高校生らしからぬ、いい意味でのふてぶてしさを感じたもの。高校2年生だった2003年からすでにトップチームの練習に参加し、左サイドを預かることの多かった新井場徹が2004年に鹿島アントラーズに移籍すると、2種登録選手ながらも早々に「ポジションを取りたい」と宣言していたのも印象的だった。

デビュー戦も、衝撃だった。

2004年1stステージ最終節のアルビレックス新潟戦。それまで左サイドを担っていた入江徹、児玉新が相次いで怪我で離脱するアクシデントもあり、試合2日前の紅白戦で主力組に抜擢されるとキレのある動きで存在感を示す。その姿を見て、西野朗監督も早々に先発を明言。本人も「失うものは何もないので、思いきってやるだけ」と、臆する様子もなく先発のピッチに立った。

すると、開始からわずか9分でJリーグ初ゴールを叩き込む。遠藤保仁からパスを受けるとドリブルで相手ディフェンダーをかわし、ミドルレンジから思いきりよく左足を振り抜いた。

「ボールを受けて前を向いたらフリーだったので自分で狙いました。ゴールを決められたのは多少、自信になったけど、90分を通して戦えるフィジカルなど、自分に足りていないことの方が気になりました」

そのデビュー戦を経て、同年8月1日にプロ契約を交わした家長は、いよいよプロサッカー選手としてのキャリアをスタートさせる。同年の2ndステージには7試合に先発出場。2005年は前年を大きく上回る24試合に出場し、ガンバのJリーグ初タイトルに貢献する。優勝を決めた最終節・川崎フロンターレ戦、2－2で試合が進んだ終盤に果敢なドリブルを仕掛けてPKを奪い、遠藤の勝ち越しゴールにつなげたのも家長だ。もっとも、彼自身はその1年を「1試合も納得できた試合はなかった」と振り返った。

「2005年はワールドユース（現U－20ワールドカップ）に出場したり、ガンバでも試合に絡みながらJリーグの優勝を経験できて、自分が成長するチャンスをもらえた1年だったけど、内容は今一つ。チームの勢いに比例するくらい自分のパフォーマンスも良かったのかといえば、全然そうじゃなかったし、思い通りのプレーができた試合は一つもなかった。理由は…周りからは課題はスタミナだと言われることが多いですけど、自分としては技術が圧倒的に足りていないと感じています。選手ってスタミナで戦える選手と、技術で勝負できる選手の両方がいて、両方があるに越したことはないけど、僕はどちらかというと一番に技術が欲しい。ヤットさん（遠藤）みたいに止めて、狙ったところに確実に蹴れる技術を身につけたい。それがあればもう少し、自分がイメージするプレーができるんじゃないかと思っています。そのためには練習しかないし、技術は練習の賜物だとわかっているんですけど…問題なのは、僕が基本的に練習が嫌いなこと（笑）。そうも言っていられないので克服できるように頑張ります」

当時は、ほとんどの試合でアラウージョと大黒将志が2トップを組み、トップ下をフエルナンジーニョが預かっていた時代。家長が先発のピッチに立つときは、左ウイングバックのポジションを争うことが多かったが「今のガンバのメンツを見て、試合に出ることを最優先に考えるならどう考えてもそこしかない」と話していたのも懐かしい。本来のポジションのライバル、二川孝広についても「自分とはレベルが違いすぎる」と尊敬してやまなかった。

「試合を決められる仕事ができるかどうか、という部分でフタさん（二川）とはまだまだ圧倒的な差がある。壁はかなり高いと感じていますけど、それを越えられたときには、もう少しすっきりした気持ちでシーズンを振り返られるかもしれません」

アカデミー時代から無敵のテクニシャンとして知られ、2005年のワールドユース・オランダ大会でもU－20日本代表の大熊清監督に「世界に通用した選手の一人」と言わしめる活躍を見せた家長を持ってしても、簡単には超えられなかった二川の壁。2006年はシーズンの半分以上に先発出場した家長だが、2007年はほとんどが途中出場になった。

もっとも、その頃の彼はまだまだ荒削りなところも多く、好不調の波が激しかったのも正直なところ。のちに彼自身も「若かった」と振り返ったように、メンタルコントロールがうまくいかない時期もあった。2006年に国立競技場で開催されたA3チャンピオンズカップで前半のうちに交代させられ、大会終了を待たずして一人、強制帰阪を命じられたときのエピソードも印象的だ。

「A3の蔚山現代FC戦で前半42分に代えられて腹が立って、シャワーを浴びたあと、まだ試合中なのにそのまま先にバスに乗り込んで西野さんに怒られた。当時は20歳でしたけど…今になって考えても、自分が悪い。若かったなって思います」

事件から13年後の2019年に、当時を振り返って苦笑いを浮かべた。

その後、出場機会を求めた家長は2008年に大分トリニータへ期限付き移籍。それを機にセレッソ大阪、RCDマジョルカ（スペイン）、蔚山現代（韓国）と渡り歩き、2012年夏に期限付き移籍の形でガンバに復帰する。だが、在籍はわずか1年間にとどまり、再びマジョルカへ。その後、2014年にJリーグに復帰し、大宮アルディージャで3年間プレーしたのち、現在の川崎Fに移籍して真価を発揮。2018年に川崎FのJリーグ連覇に大きく貢献すると、同年には自身初のJリーグMVPにも選ばれた。

「このような名誉ある賞を6得点7アシストという平々凡々な記録でもらうのはちょっと心苦しいですが、本当にありがとうございます。日頃こういうところで感謝の気持ちを言えないので、川崎のみんなに感謝の気持ちを伝えたいと思います。川崎の会社の方々、そして監督、コーチングスタッフの皆さん、そして偉大なるチームメイトのみんなに支えられてこの賞を獲れました。本当にありがとうございます」

デビューから14年。若かりし頃に欲した『圧倒的な技術』で魅了するだけではなく、チームを勝たせるための光となり影となって存在を際立たせた家長は、32歳にして初めて全Jリーガーの頂点に立つ。その1年後、川崎Fの練習場を訪れた際、チーム練習を終えたグラウンドに最後まで残ってプラスアルファの個別トレーニングを続けていたのは、何を隠そう、かつて「基本的に練習が嫌い」と話していた家長であったことを追記しておく。

2004年

「チームが勝てたことより、僕のゴールが嬉しい」

在籍10年目、公式戦261試合目の初ゴール

——實好礼忠

「いつか、いつかと思っているうちに…というか途中からもう一生取れないんじゃないかと思ってたら取れました。10年？　粘ったね〜。今日はチームが勝てたことより、僕のゴールが嬉しい（笑）」

常にチームの勝利を第一に考えてきた實好礼忠は、茶目っ気たっぷりにプロ初ゴールを喜んだ。2004年11月13日に行われた天皇杯4回戦・サガン鳥栖戦の前半34分、フェルナンジーニョからの左CKがシジクレイの頭上を越え、逆サイドにいた實好の足元へ。それを左足で流し込み、先制点を奪った。

1995年に立命館大学からガンバに加入して10年。Jリーグ204試合、ナビスコカップ39試合、天皇杯17試合でキャリアを積み重ねてきた男が、261試合目にして奪

った『史上最も遅い公式戦初ゴール』だ。世代を超えて幅広く慕われる兄貴分の一発に、チームメイトから笑顔が溢れる。そこから勢いを取り戻したガンバは、大黒将志のゴールで突き放し、後半立ち上がりにPKを献上して1点差に詰め寄られるも、後半43分にフェルナンジーニョがとどめの一発を叩き込み、レジェンドの初ゴールに花を添えた。

それで味をしめたのか、2005年のJ1リーグ第6節・横浜F・マリノス戦でも『史上最も遅いJリーグ初ゴール』を奪う。CKのクリアボールをシジクレイがつなぎ、最後は實好がヘディングで押し込んだ。またしても彼の周りには歓喜の輪ができ、チームメイトから手荒く祝福された。

そのシーンが象徴するように、たくさんのチームメイトから愛された。ほとんどの選手が彼を「ノリさん」ではなく「ノリちゃん」と呼ぶのも、實好が醸し出す空気感ゆえだろう。すでに33歳になっていたが、年齢の壁を決して作らず、チーム内の空気がよどんだときには、決まって冗談で和ませた。「集中力は超能力」に代表される独特の『實好語録』で自身の考え、マインドを言葉に変えていたのも懐かしい。そんな實好に西野朗監督も絶大な信頼を寄せ、初優勝を決めた2005年のJ1リーグ最終節では負傷交代になったシジクレイに代わって後半からピッチに立ち、優勝の瞬間は涙に暮れた。

実はこのシーズン途中にクラブから契約満了を告げられていたが、最終的には西野の強い要望もあって再契約を結ぶという異例の出来事も。その間に他クラブが獲得に名乗りを上げていたため胸中は複雑だったはずだが、西野の思いに応えて残留を決めた。

「僕は西野監督にプロサッカー選手としての自分を再生してもらった。その監督のもとで、大好きなガンバ、仲間と、大好きなサポーターの前でサッカーができる」

こうして2006年も實好は再び、ガンバのユニフォームをまとう。西野が彼をチームキャプテンに指名したのも、その信頼ゆえだろう。結果的に、2007年に引退を決めるまでガンバ一筋で現役を全うした。

「年々、体の変化を感じ取っていた中で、2007年は自分が描くイメージ通りに体が動いてくれないということが増えていましたからね。肉体的に落ちていくのは当たり前だから、そういう自分をしっかり自覚した上でどれだけできるかが勝負だと思ってやってきた。なのに、それでも怪我を繰り返してしまって…。そういう状況を冷静に受け止め、9月過ぎに代理人を通してクラブに自分の意向を伝えてもらったんです。『現役続行はガンバでしか考えていません。それができないなら指導者として新しい一歩を踏み出せたら幸せです』と。そしたら数週間後、クラブから来季の構想には入っていないと言われたので、引退だなと。

正直、その後もずっと気持ちは揺れていたんですけど、とりあえずナビスコカップ決勝を控えていたし、それが終わってからしっかり考えようと思ったら優勝して、また葛藤が始まって…。決勝後に西野監督に気持ちを伝えてからも練習場に行けば、まだできるんじゃないかという思いにもなるし、『だけど契約満了だよな』という現実から目をそらしてもいけないし。その葛藤を自分の中で落ち着かせるのに相当時間がかかりました」

引退を明らかにしたのは、J1リーグのホーム最終節となったヴィッセル神戸戦だ。チームキャプテンとしての挨拶を済ませたあと、「實好選手から報告があります」との場内アナウンスが流れ、静まり返ったファンの前で再びマイクの前に立った。

「ガンバ大阪…」

その言葉を口にした瞬間、言葉に詰まる。その姿を見ながら、以前に彼から聞いた言葉を思い出していた。

「引き際や引退を美しく語れたらいいけど、僕は負けず嫌いだから。戦力になれる力がもう自分にないのが本当に悔しい」

溢れそうになる思いに自分でケリをつけるように、最後は一気に言葉を絞り出した。

「ガンバ大阪…背番号4番、實好礼忠は、今季限りでの引退を決意しました。たくさんのサポーターの皆さまに支えられ、幸せな13年間でした。ありがとうございました！」

サポーターからの『實好コール』を聞きながら5秒間、深く体を折り曲げ、頭を下げる。仲間へ、サポーターへ、自身に関わってくれたすべての人へ感謝を伝えた。

2005年

「プロ初ゴールだし、とにかくめっちゃ嬉しい」

J1通算1万ゴールのメモリアル弾

前田雅文

2005年5月8日。万博記念競技場でのJ1リーグ第11節・名古屋グランパスエイト戦でフェルナンジーニョに代わってピッチに立った前田雅文はその15分後、右サイドを駆け上がると大黒将志からのロングパスを足元に収め、右足を振り抜いた。プロ初ゴール。自身の記念すべきファーストゴールに喜んでいると、途中出場の松波正信から、それがJ1通算1万ゴール目だと知らされた。

「オグリさん（大黒将志）からいいボールをもらったので決めるだけでした。まったく意識していなかったので、松波さんに言われたときも冗談と思っていたら本当で…どう喜べばいいのかわからないですけど、プロ初ゴールだし、とにかくめっちゃ嬉しい」

1993年5月15日のJリーグ開幕戦で、ヴェルディ川崎のマイヤーが最初の1ゴール目を刻んでから足掛け13年。試合前に9992までカウントされていたゴール数は、この日、時計の針が進むとともにその数を増やしていった。9993ゴール目を決めたのは、同名古屋戦で先制点を決めたアラウージョ。5分後には遠藤保仁が続き、その数を9994に伸ばす。王手をかける9999ゴール目を決めたのは、他会場で戦っていたFC東京の石川直宏だ。その1分後、前田のゴールが生まれた。

「もともと、僕はゴールを演出する側の選手だったので、そこまでゴールに意欲的ではなかったというのが正直なところです。でも、7節のFC東京戦でデビューしてから毎試合メンバーに入れてもらって、途中出場でも試合に絡めていたし、アシストも含めて結構惜しいプレーが続いていたので、そろそろ明確に数字に残る仕事をしたいと思っていました。そういう意味では、純粋に初ゴールを決められたのは嬉しかったです。ただ正直、まだ試合に出始めたばかりだし、プロ1年目でいっぱいいっぱいで…気持ちはもう次の試合に切り替わっています」

5月28日のナビスコカップ第4節・川崎フロンターレ戦でも後半12分からピッチに立った前田は、アディショナルタイムに決勝点を決め、チームの決勝トーナメント進出を後押し。無名だったルーキーは一躍、『持っている男』としてその名を知られ、時の人となる。ゴールを決めた日時が刻まれた携帯ストラップが売り出され、クリアファイルが配布されるなど、お祝いムードに包まれた。ところが、そんな矢先の6月8日の練習中に、右膝前十字靭帯断裂という大怪我を負う。

「サッカー人生で初めての大怪我で、怪我についての知識もまったくなく…長いリハビリの過程では当然、キャリアへの不安も感じました。同じ怪我をした選手に話を聞いたりしても、怪我をする前の状態で復帰できるとも限らないと言われ、すべてにおいて不安しかなかった」

長いリハビリ期間中は何度も気持ちが折れそうになったが、そのたびに自身を奮い立たせて前を向き、２００６年のＪ１リーグ第３節・大分トリニータ戦で復帰を果たす。残念ながらその試合は勝利で飾れなかったが、その後もコンスタントにメンバー入りを果たした前田はこの年、２００５年には実現できなかった先発出場を14試合で実現し、完全復活をアピールした。

2005年

決意の引退発表。サポーターにぶつけた想い

「まだ2試合あるじゃないか! 信じてくれよ、俺たちを!」

——松波正信

突然の引退発表だった。ジェフユナイテッド千葉とのナビスコカップ決勝を翌日に控えた2005年11月4日。松波正信はガンバ一筋で貫いた13年間の現役生活に終止符を打つことを決めた。大きなガンバ愛を秘めて。

「自分としては、ナビスコ決勝後に発表しようと思っていたけど、監督(西野朗)に相談したら『それなら決勝前にしてくれないか』と言われて。監督も2連敗したあとで、僕の引退がチームの起爆剤になればと思ってくれていたようだったし、僕自身もこのまま失速してしまうのだけは食い止めたいなと。少しでもチームのテンションを上げてナビスコ決勝を迎えたかった。ファイナリストになるだけではなく、タイトルを獲らなければ評価されないということは僕も、チームも感じていること。だからどうしてもナビ

スコ決勝に勝ちたかったし、それをリーグ戦の勢いにしたかった。どれだけガンバのサッカーは面白いと評価されても、タイトルを獲らなきゃ何も変わらないと思うから」

結果的に、ナビスコカップ決勝はPK戦の末に敗れはしたものの、残りのリーグ戦5試合を前にチームには「松波さんに有終の美を」という雰囲気が生まれた。

「プロになったときからずっと松波さんの背中を見てきた。最後、一緒にタイトルを獲りたい」(宮本恒靖)

「マッさん(松波)と一緒にボールを蹴れる最後のシーズン。絶対に優勝したい」(大黒将志)

その思いのままにJ1リーグ第30節・浦和レッズ戦では執念で勝利を掴み取り、ガンバは再び2位の鹿島アントラーズに勝ち点差3をつけて首位の座にとどまる。

だが、想像以上に優勝争いのプレッシャーは大きく、第31節・名古屋グランパスエイト戦は1－2で敗戦。さらに、勝てば優勝への王手をかける可能性もあった第32節・大宮アルディージャ戦にも0－1で敗れ、2連敗を喫してしまう。しかも攻撃サッカーが形を潜めた完封負けにサポーターは試合後、選手に向かって容赦ない罵声を浴びせた。

それに反応したのが松波だった。ヒートアップしたサポーターのもとに詰め寄り、それをスタッフが引き止めるという騒然とした雰囲気に。彼のプロサッカー人生において、初めてサポーターに向かって声を荒げたシーンだった。

「まだ2試合あるじゃないか！　信じてくれよ、俺たちを！」

殺気だったサポーターを鎮めるためにというより、むしろ彼自身が、そしてチームがタイトルを最後まで諦めずに戦い続けるという決意表明。その声はサポーターの胸にも届いたのだろう。ホームでの最終戦、第33節・千葉戦にも敗れて首位陥落となっても、スタンドからはチームを鼓舞する声が届けられた。

川崎フロンターレとの最終節。松波は2－2で迎えた後半29分から大黒に代わってピッチに立った。ユニフォームの襟を立てて、だ。実はこの年のユニフォームに襟はなかったが、襟を立ててピッチに立つ姿をトレードマークにしてきた松波のためにと、スタッフの計らいでアンダーシャツに襟が縫い付けられ、それをユニフォームの襟元からのぞかせていた。

その5分後、ガンバは遠藤保仁がPKを決めて逆転。首位に立っていたセレッソ大阪の試合が引き分けに終わったことを受け、悲願の初優勝が実現する。『ミスターガンバ』を送り出すには最高のフィナーレ。試合終了のホイッスルが鳴った瞬間から泣き通しだ

11

った松波は仲間の手によって何度も宙に舞い、試合後のビールかけでは終始、手荒い祝福を受け続けた。

「ずっとビールを浴びていたから、最後まで僕は誰にもビールをかけられなかった(笑)。最後は瓶ビールではなくて、酒樽も2回浴びました。その日は夜中までテレビ出演があったのでホテルに宿泊したんですけど、一人寂しく寝ようと思ったらオグリ(大黒)から『部屋に行ってもいいですか?』って電話がかかってきて。決して深い話をするでもなく、朝の4時半くらいまであいつがひたすら『よかったっす~』って連発していました(笑)。僕も僕で、ビールかけがこんなに嬉しいものだと知って、『やっぱり、引退したくないな』と思ったり。嬉しさと寂しさが入り混じった特別な夜でした」

Jリーグ開幕初年度から在籍してきた『ミスターガンバ』のタイトルへの執念は、13年のときを経てようやく現実となった。

2005年

J1リーグ初優勝のドラマ

「目標にしていたリーグ優勝と得点王を獲れて本当に嬉しい」

――アラウージョ

2005年12月3日。等々力陸上競技場でのJ1リーグ最終節・川崎フロンターレ戦。前節のジェフユナイテッド千葉戦に敗れ、第22節以来守り続けてきた首位の座をセレッソ大阪に明け渡してこの日を迎えたガンバは、プレッシャーという呪縛から解き放たれたかのように躍動した。

『俺たちの誇り。魅せろ、貫け、大阪スタイル!』

サポーターが掲げた横断幕のままに。

「今日は自分たちのスタイルで戦おう。サッカーを楽しもうとみんなで話して試合に入りました」(宮本恒靖)

前半12分にアラウージョの豪快なミドルシュートで先制したあと、CKから同点にされても、ひるむ姿はない。
「落ち着いて試合を運べ。急いで中途半端なプレーになるな。勝負どころを間違えるな。ここからタフにいくぞ。最後45分、必ずチャンスはある」（西野朗監督）
　ハーフタイムに指揮官から檄が飛ぶ。もちろん、選手も全員がその思いだった。
　チームを勢いづける勝ち越しゴールを決めたのは宮本だ。後半11分に遠藤保仁のＦＫに頭で合わせると、一目散にゴール裏へ。胸のエンブレムを二度、三度と叩いて喜びを表現する姿に勝利を予感したが、そのわずか6分後、セットプレーから失点。またしても試合を振り出しに戻されてしまう。それでも、打ち合い上等と言わんばかりに前へ、前へ。シーズンを通して示してきた「取られても、取る」という攻撃サッカーを展開し、後半34分には家長昭博の果敢な仕掛けが相手のファールを誘ってＰＫを獲得。それを遠藤がきっちり決めて、再び突き放した。
「ガンバらしいサッカーをして勝つだけ」（山口智）
「周りの結果は関係ない。ここ数試合、手にしていない白星を取るために、みんなでガンバのサッカーを楽しみたい。絶対に、勝ちますよ」（遠藤）
「勝てば優勝できる。自分たちを信じます」（大黒将志）

試合前の決意通り、ひたむきに自分たちのサッカーを追い求めた。

その姿を見守りながら、勝てると確信した試合終盤。スタンドが驚きと歓喜が入り混じったようなどよめきに包まれたのを覚えている。観客席に目をやると、携帯電話を手にしたガンバサポーターが、その画面を見ながら声をかけ合っている。もしやと思い、他会場の結果を確認すると、2－1でリードしていたセレッソ大阪が、FC東京の今野泰幸に同点ゴールを許していた。

再びピッチに目をやると、アディショナルタイム3分を伝えるボードが掲げられる。ときを同じくして、橋本篤マネージャーがすでにベンチに下がっていた大黒に他会場の経過を伝え、それがベンチにいた選手、スタッフに伝わるとベンチは総立ちになった。

「他会場は関係ないと思っていたから本当は知りたくなかったんだけどね（笑）。でもスタジアムがざわざわしているし、泣き出しているスタッフもいて…もしかして？と思ったら、そうでした」（西野）

残り3分の戦いも忘れられない。

セレッソ大阪が同点に追いつかれた中で、1点差の状況をなんとしても守り抜きたいという心理が働いたのだろう。ベンチからは「もう攻めるな！（時間を）進めろ」という声が飛んだが、チームは「これがガンバだ」と言わんばかりに攻めの姿勢を崩さず、アラウージョがとどめの4点目を奪い、リードを広げた。

スタンドに向かって走り出す選手と、柵を越えてなだれ込むサポーターがゴール裏でもみくちゃになるのを、宮本が「まだ終わっていない、最後まで戦わせてくれ！」とサポーターを制し、試合が再開する。そして、試合終了を告げるホイッスル。控え選手はベンチから飛び出し、ピッチにいた選手は、両手を大きく広げた指揮官のもとへと走り寄って、大きな輪ができた。選手、スタッフがもみくちゃになって抱き合い、叫び、泣き、喜びを爆発させる。どんなときも冷静沈着だった西野も、「サッカーで泣いたことがない」と話していた宮本も表情を歪めて涙を流し、實好礼忠は顔をぐしゃぐしゃにしながら大黒と抱き合う。アラウージョも、松波正信も、みんなみんな、泣いていた。

「昨日、優勝して泣いている夢を見たんです。なので、試合前にはもし優勝したら自分は泣くのかな、と考えたりもしたけど試合が始まったらそれどころじゃなかった。優勝が決まった瞬間は自然と涙が出ました。サッカー人生で初めて泣きました。ユース時代からガンバを背負って戦ってきて、いろんなことが本当に…一気に駆け巡った。ようやく取れた初タイトル。最後はかなり苦しんだけど、本当に嬉しい。アカデミーの後輩にも夢を与えられたんじゃないかと思います。このタイトルは僕たちにとってのスタート。これからもっと強いクラブになるために、さらに高い目標を持って、勝者のメンタリティーを備えたチームにしていきたい」（宮本）

「勝てば優勝できると思っていました。というか、これだけのメンバーが揃っている今年に優勝できひんかったらもう一生、優勝はないと思っていた。終盤、左膝を痛めて3試合も欠場してチームに迷惑をかけた。チームも3連敗と流れが悪く、なんとか流れを変えようと思っていたので、今日は痛み止めを打ってピッチに立ちました。ホーム最終戦で松波さんの引退セレモニーを見ていてグッとくるものがあった。松波さんがいなければ今の自分はいない。プロになって私生活も、プレーもすべてを松波さんから学んだ。だからこそなんとしても勝ちたかった。一緒に優勝できてほんまに嬉しい」（大黒）

胴上げされた西野が宙を舞い、このシーズン限りでの引退を表明していた松波もまた宙を舞う。その後、たくさんのサポーターに見送られながら等々力をあとにしたガンバは空路で大阪に戻り、ホーム万博記念競技場へ。アップルームに用意されたビール2000本で喜びを爆発させた。後日、橋本篤マネージャーが、そのときの秘話を教えてくれた。

「アップルームにビニールシートを敷いて祝勝会をしたんですけど、冬の寒い時期なのでビールは当然、常温で用意されると思っていたら、なぜかキンキンに冷えていた（笑）。しかも初めてのビールかけで、何本くらい頼めばいいのかわからなかったんでしょうね。30分くらいやっても全然ビールがなくならない。みんなせっかくだからと、全部かけきりましたけど、危うく全員で凍死しかけました（笑）」

嬉しくて、嬉しくて、とにかく嬉しい。そのときはただ歓喜に包まれていたが、Jリーグ王者としての誇りを噛みしめたのは、その年のJリーグアウォーズだ。チームの全員がタキシードに身を包み、脚光を浴びる。MVPと得点王、ベストイレブンに輝いたアラウージョはその喜びを言葉に変えた。

「開幕前の目標にしていたリーグ優勝と得点王を獲れて本当に嬉しい。その上、素晴らしい賞をいただいて、気持ちをどう伝えればいいのかわかりません。MVPはJリーグでプレーする選手の中でたった一人が手にできる栄誉。チームメイト、スタッフ、妻と子どもたちに感謝したい」

こうして、ガンバの忘れられない2005年シーズンが幕を閉じた。

2005年

初戴冠を牽引した外国籍キャプテン

「ホイッスルが鳴れば、みんないつも通りに戦える。信じましょう」

――シジクレイ

「ヨロコビマショウ。オレタチ、ニホンイチ！」

鏡割りの音頭を任されたキャプテンのシジクレイは、短く力を込めて声を張り上げると、目の前の樽を豪快に叩き割った。その語尾をかき消すように、選手たちの手元に握られていたビールがそこらじゅうで泡を吹き上げる。ビールのシャワーが心地よかった。

1997年にブラジルから来日し、モンテディオ山形、京都パープルサンガ、大分トリニータ、ヴィッセル神戸と渡り歩いて、2004年にガンバの一員になった。ピッチでは187センチ、86キロの恵まれた体格を生かして体を張り、ピッチを離れると穏やかで優しい素顔をのぞかせた。その人間性を買われ、2005年には在籍2年目にして、外国籍選手としてはクラブ史上初のキャプテンに就任した。

「責任は大きい。仲間を信じて、みんながつながって一つになれるように」

試合に出場しない選手やスタッフにも気を配り、チームの隅々まで目を行き届かせた。長い時間をかけて覚えた日本語も役に立った。通訳不在でもコミュニケーションに支障をきたすことはなく、若いチームにあって、32歳の彼は頼もしき兄貴だった。

もちろん、プレーでも安定したパフォーマンスを示した。本来はセンターバックながら、實好礼忠、宮本恒靖、山口智が3バックを形成したシーズン序盤はボランチを預かることも。宮本が日本代表の活動などでチームを離れるときは、ポジションをセンターバックに移すこともあったし、J1リーグ第20節のジュビロ磐田戦以降は宮本がリベロを、シジクレイが対人の強さを生かして右ストッパーを務めるようになった。

最終節を前にして聞いた言葉も力強かった。最後は、溢れる気持ちを抑えきれない様子で日本語を紡いだ。

「ここまでチームメイトとの信頼の中で勝ってきたように、最後の試合も、仲間を信じて戦いたい。サポーター、クラブスタッフ、ガンバへの熱い思いを抱いた人たち、すべての力を信じて、みんなの力を結集させて頂点に立ちたい。僕たちが欲しいのは、タイトルを争った事実ではなく、タイトル。大丈夫。ホイッスルが鳴れば、みんないつも通りに戦える。信じましょう」

初優勝を記念して、フェルナンジーニョと2人、髪の毛を青と黒に染めたのも微笑ましい。

「どうにかしてタイトルを獲得した喜びを表現したくて、フェル（フェルナンジーニョ）と一緒にやろうって。僕は髪の毛がないのに無理やり染めたんだ（笑）」

２００7年シーズン限りでガンバを離れ、二度目の在籍となる京都で日本でのキャリアを締めくくったのち、母国ブラジルに戻っていた彼と再会したのは２０１１年だ。現役引退後、挨拶を兼ねてクラブハウスに顔を出していた彼は、ガンバへの思いを語っていた。

「僕も家族も、日本を、ガンバをとても愛している。日本では多くのクラブに在籍したけれど、ガンバは唯一、僕のサッカー人生に初のタイトルをもたらしてくれた特別なチーム。いつか指導者としてこのチームに戻ってくるのが夢なんだ」

そして、その思いは２０１3年に現実となる。

「僕とガンバは特別な関係で結ばれているよ」

久しぶりの再会に表情を緩めた彼は、長谷川健太監督のもとコーチングスタッフとなり、攻守のセットプレーの分析を任される。そして2014年にはスタッフとしてクラブ史上初の三冠――。選手、スタッフの両方でJリーグ制覇を経験した最初のレジェンドになった。

第4章

世界に挑む

2006年

「覚悟が甘かったと言わざるを得ない」——西野朗

立ちふさがったアジアの壁

「代表チームに限らず、日本のクラブチームがアジアのリーダーになっていかなければいけないと考えている。初参戦となる今年は少なくとも、グループリーグを突破してアジア全体のステージに進みたいと思っている」（西野朗監督）

Jリーグ王者として初めてACLに参戦するにあたり、指揮官は力強く宣言していた。その先には当然、アジアチャンピオンも視野に入れて、だ。それを見越してクラブに新戦力の獲得をリクエスト。クラブもそれに応えるように、マグノ・アウベス、加地亮、明神智和、播戸竜二ら各クラブの主力級の選手を次々に獲得するなど、例年にない大型補強を敢行した。

「今シーズンは強化費に8億円をかけた。君たちに頑張ってもらわなければ困る」

加入の際、先に名前を挙げた選手たちは佐野泉代表取締役社長に呼ばれ、そうハッパをかけられたと振り返る。

「それだけのお金をかけてもらったことに応える活躍を示さなければいけないし、その金額以上の利益をガンバにもたらさなければいけないと思った」（明神）

初タイトルの立役者となったシジクレイ、宮本恒靖、山口智、遠藤保仁、橋本英郎、二川孝広、藤ヶ谷陽介をはじめ、成長著しい家長昭博や寺田紳一ら、既存のメンバーに新たに加わった戦力は、Ｊリーグ連覇を目指すだけではなく、アジア王者への意欲を十分に感じるものだった。だからこそ、３勝１分２敗でグループステージ敗退となった現実に、西野は「この結果は想像していなかった」と悔しさをにじませた。

「去年の大きな戦力だった大黒（将志）、アラウージョはいなくなったとはいえ、チーム力としては予選で敗退してしまうほど、戦力が足りなかったとは思っていない。新しい戦力を含めて、違うガンバでチャレンジできること、チームを進化させることにいろんな楽しみを感じながらシーズンをスタートした。その中で、Ｊリーグという国内の大きなステージと並行してＡＣＬを戦うにあたり、選手たちがどの程度、アジアに対する価値を感じて臨んでいたかといえば正直、疑問が残った。ハードな日程や環境を乗り越えて、ＪリーグとＡＣＬの両方を獲りにいく意識、覚悟が甘かったと言わざるを得ない。

それはクラブだけではなく、日本サッカー界にも感じた部分。本気でアジアを獲るにはサッカー界のバックアップも、クラブのバックアップも必要。ACLを勝ち抜くための国を挙げた本気度は正直、まだまだ足りないと感じた。今回の結果に対して言い訳をするつもりはないけど、あらためてこの大会は協会、リーグを含めた総合力で戦わなければ勝ち抜けられないと感じた。今後のサッカー界のためにも見直しは必要だと思う」

ACLに参戦し、アジアを戦い抜く過酷さを身をもって感じたからこその言葉。ガンバはこの年、全北現代モータース（韓国）、大連実徳足球倶楽部（中国）、ダナンFC（ベトナム）と同グループに属したが、Jリーグの合間を縫って、かつ長距離のアウェー移動を強いられる戦いはまさに過酷を極め、日本とは大きく違う現地の試合環境も含めてACLを戦う厳しさを突きつけられた。例えば、約6時間の移動を要し、「想像以上に遠い場所だった」と西野が苦笑いを浮かべた全北現代での試合は、スタジアムの整備が行き届いていなかったのか、ピッチに釘が落ちていたし、大連戦では劣悪のピッチにタバコの吸殻やカッターナイフが散乱していた。また宿泊ホテルの選手の部屋では深夜、何度もいたずら電話が鳴り、睡眠を妨害された。おまけに試合当日も雨でピッチのあちこちに大きな水たまりが。自慢のパスサッカーは形を潜め、成す術なく完封負けを喫してしまう。そんなアウェーの洗礼に苦しめられたこともあり、ガンバの自力での決勝トーナメント進出の可能性は4試合目を終えた時点で消滅。さらにホームでの第5節・全北現代戦を引き分けに終えたことで、最終節を待たずしてグループステージ敗退が決定した。

だが、西野は消化試合となった最終節・ダナン戦も、最も長い移動時間を強いられることを厭わず、日本代表の宮本、遠藤、加地を除き、メンバーを落とさずに乗り込むことを決める。

「こうしたアウェーでの戦いを経験して僕たちは強くなっていく。無駄な試合など一つもない。ましてやACLのアウェー戦は、ACL経験値の低い僕らにとって大事な経験を積める場所。今年はもう次のステージには進めないけど、この試合をみんなでしっかり戦って、経験値を積み上げることで、今後の戦いにつなげたい」(播戸)

結果は5－1の圧勝。ここでもホテルに洗濯を頼んだはずのユニフォームが街中のクリーニング店に出されてしまい、道端でガンバのユニフォームや練習着がはためくなどの事態に見舞われたが、これらピッチ内外でのすべての経験がクラブの財産になった。

2006年

練習生から這い上がった男の覚醒

「他人がどう思おうと、自分だけは自分を信じてやってきた」

――播戸竜二

シーズン二度目の先発出場となった2006年7月29日のJ1リーグ第16節・アビスパ福岡戦を皮切りに、第25節・ヴァンフォーレ甲府戦まで10戦12発。鬼気迫る表情でゴールに向かい続ける播戸竜二の姿に、7年ぶりのガンバ復帰への決意が透けて見えた。

「ガンバは若い選手を含めて全員のクオリティーが高いし、チャンピオンになったからといって慢心している選手は一人もいない。試合に出ている、出ていないに関係なく、全員がポジション争いにしっかりと絡んできている感じもある。だからこそ競争は熾烈ですが、昨年のチャンピオンチームの仲間に入れてもらうのだから覚悟していたこと。去年、アラウージョをはじめとする攻撃陣があれだけ点を取った中で、その攻撃力を引き継ぐことを期待されて獲得してもらったわけやから、それに応えたいとも思う。ただ、俺は俺でしかない。自分らしく勝負することも忘れずに必死にアピールします」

序盤は苦しんだ。ガンバを離れていた7年間で定着した攻撃サッカーの駒として、どう動けばボールが出てくるのか、いかにゴールをこじ開けるのか。新たな点取り屋として同時期に加入したマグノ・アウベスとどう共存していくのか。途中出場が続く中で、模索する状況は夏まで続いた。

だが、播戸は黙々と戦いを続けた。エースとして活躍したヴィッセル神戸時代の彼なら、途中出場が続く状況について監督に話を聞くなど、何かしらのアクションを起こしたはずだが、このときばかりは自分に矢印を向け、ピッチで結果を残すことだけに集中した。

「正直、最初は試合に出れると思っていました。去年、爆発的に点を取ったフォワード2人（アラウージョ、大黒将志）が抜けたし、その穴を埋める競争に勝ち抜ける自信もあった。でも蓋を開けてみたら交代出場ばっかりで…正直、考えることは多かった。でも、自分が望んでこういう厳しい環境を選んだわけで、最初から自分との戦いになるのは覚悟していたから。どんな状況になっても、毎日の生活をいかにサッカーに集中して送れるかが勝負やと思っていたし、腐ることも投げることもせず、とにかくやるしかないと思って毎日１００％で練習に取り組んだ。ある意味、練習生だったときの自分のように、がむしゃらに戦い続けられたと思う」

姫路市立琴丘高校から月給10万円の練習生としてガンバに加入したのが１９９８年。一人暮らしをする余裕はなく、姫路の実家から電車と自転車を乗り継いで練習場に通った。外食するお金がもったいないと、母親の手作り弁当を持参し「昼食は決まって掃除のおばちゃんたちと一緒に食べた」。そこから契約書にあった『公式戦5試合出場』を達成し、プロ契約にこぎつけてからも、「いつプロの世界から追い出されるかわからないという危機感はずっとあった」と言う。だからこそ、結果を求め続けた。

そんな自分を7年ぶりのガンバで再び取り戻すと、ワールドカップによる中断期間の頃から徐々にフォワードの序列に変化が生まれる。もっとも再開直後の4試合は途中出場だったが、第13節・ジェフユナイテッド千葉戦、第14節・名古屋グランパスエイト戦でゴールを奪うと、先発に抜擢された福岡戦でもゴールを奪い、レギュラーの座を掴んだ。

「これまでもずっと自信はあったし、他人がどう思おうと、自分だけは自分を信じてやってきた。でもそれを結果で証明しないと、単なる自己満足で終わってしまう。自分を

信じて、自分のプレーを信じて、それを結果で証明し続けないと意味がない。プロの世界は1試合、点が取れなくなっただけで『もうあかんのちゃうか』と思われる場所。特にガンバにはこれだけいい選手が揃っているからこそ1つ、2つ点を取ったくらいでは満足できない。これだけパスが出てくるガンバで、これまでとは違う点を取る楽しさは感じているけど、それ以上に危機感、恐怖感がいつもそばにある」

4試合ぶりにゴールができずに終わった第19節・サンフレッチェ広島戦後に聞いた言葉だ。その翌節、播戸は名古屋戦で再びゴールを奪うと、そこから第25節・甲府戦までクラブタイ記録となる6試合連続ゴールを決める。その活躍が認められ、甲府戦の前には自身初となる日本代表への招集が発表される。無名の練習生だった男が、泥臭く、しぶとく、ひたむきにゴールを求め続けることで掴み取った日の丸だった。

2007年

ナビスコカップ優勝に導いた初ゴール

「俺、持ってます!」

安田理大

2007年11月2日、ナビスコカップ決勝の前日に行われた両チームの監督、選手による記者会見。西野朗監督は自信に満ちていた。思えば、2005年に同じ席に着いた際は、ゆっくりと話しながらも的確に急所を突く、ジェフユナイテッド千葉のイビチャ・オシム監督との舌戦にやや気圧された感もあったが、このときは違った。逆に、隣に座る川崎フロンターレの関塚隆監督を圧倒した。報道陣からの「相手の警戒する選手は誰か?」という質問に、先発を予想した返答が痛快だった。

「川島(永嗣)、森(勇介)、寺田(周平)、箕輪(義信)、伊藤(宏樹)、河村(崇大)、中村(憲剛)、大橋(正博)、谷口(博之)、ジュニーニョ、大世(鄭)ですね。非常に気になる11人です」

2年前とは違い、タイトルを経験したことによる心理的な余裕なのか。はたまた、

『四冠』を合言葉にスタートしたシーズンで、ゼロックススーパーカップでその『一冠目』を掲げられた自信なのか。いずれにせよ、『攻撃サッカー』あらため『超攻撃サッカー』と表現されるようになったスタイルを貫くことを宣言して臨んだ、二度目のファイナルだった。

もっとも、それまでも何度も経験してきたように、最後の一つを勝つ難しさはこの日も突きつけられた。川崎Fは一人を除いて西野が読み上げた予想メンバーが先発出場したが、従来の4バックではなく3バックで臨んできた相手の勢いに押され、前半はペースを握られた。だが後半に入り、ガンバの右サイドバックを預かっていた加地亮を3バックの一角に据えてシステムを変更すると、徐々にリズムを見いだす。攻め急ぐ気持ちから相手のオフサイドトラップにかかることが多かったとはいえ、明らかにペースを握り返した。

「前半は想定と違うシステムを敷いてきた相手に圧倒されて難しい戦いになった。その中で加地を右に据えた3バックに切り替えた。あくまで僕の頭の中だけで描いていた形で練習はしていなかったので、リスクは承知の上でした。でも元日の天皇杯決勝では最後までメンバーもシステムも変えず、『このままで崩そうぜ』というメッセージを送った中で結果を出せなかった経験が頭に残っていて、今日はどうしても自分から動きたかった。ファイナルで、ましてや0－0の状態で動くのは勇気がいりましたが、臨機応変に役割を理解してプレーできる選手たちへの信頼もあった」（西野）

選手も応えた。

「45分も3バックの右をやったのは初めてでしたが、こういう大舞台で任されることに応えたいと思っていた。攻撃のことは頭から捨てて、とにかくあそこで抜かれないことだけを考えていたし、抜かれない自信もあった」（加地）

掴んだ流れをゴールにつなげたのは、この日が今大会9試合目の出場となった安田理大だ。前夜祭でニューヒーロー賞を手にしていた19歳は、後半10分、右サイドのバレーから送り込まれた低い弾道のクロスボールに体を投げ出し、右足で押し込んだ。

「最近のJリーグではあまりスタメンで出てなかったけど、今日は一発勝負の戦いやし、持ち味を出せずに後悔するくらいなら、ミスしてもいいからガンガンいこうと思っていた。Jリーグで対戦したときは、対峙した森勇介さんに圧倒されて前半で交代させられたので、今日はリベンジを狙ってました。あの得点の前にも似たような感じで右サイドからクロスが入ってきたんですけど、そのときはサイドに残ったままで…マグノ（・アウベス）に『中に入ってこい』と言われていたんです。だから、ゴールシーンでもこぼれてくるかも、と思って入って行ったら、ほんまにこぼれてきて…ごっつぁんゴールです！」

もっとも、その後は何度か川崎Fにビッグチャンスを作られた。後半24分にはクリアボールを中村に拾われた展開からジュニーニョにパスが通り、あわや失点というシーンも。だが、加地が驚異的なスピードで食い止めると、最終ラインではゲームキャプテンの山口智が最後まで声を張り上げ、チームを叱咤し続けた。

「周りは点の取り合いを意識していたかもしれないけど、決勝なので。リーグ戦では1－4で負けたことを踏まえて、自分たちが思うように試合を進められないことも覚悟していた。特に今シーズンは後ろがゼロで抑えて勝つことを意識して戦ってきたし、今日もゼロで抑えることが大事だという意識が強かった。その守備の意識をチーム全体が最後まで切らさなかったことが勝ちきれた理由の一つだと思う。1－0というスコアをガンバらしくないと思う人もいるかもしれないけど、僕らとしては先に点を取って守りきるという理想の展開。自信につながる試合になった」（山口）

タイトルを掴み取るために、攻撃的なスタイルを貫くばかりではなく、したたかに勝負に徹して、体を張る。Jリーグを制した2005年とは一味違う、勝負強さを示して掴んだ勝利だった。

ちなみに、決勝点を決めた安田はニューヒーロー賞に続き、MVPも受賞。同年のU－20ワールドカップ・カナダ大会に出場した『調子乗り世代』の中でも、ビッグマウスとして知られる彼らしく、ヒーローインタビューでは「いやぁ、気持ちいいっす！　俺、持ってます！　プロ第1号が決勝ゴール？　普通！　普通！」と豪快に話し、試合後には「緊張して、やや噛んでもうた。しかも滑り気味でショック！」と笑わせた。もっとも、国立競技場の控え室で行われたシャンパンファイトは未成年のため参加できず、会場の隅っこで一人、コーラファイトに。「早く、20歳になりたい！」と、ここでも爆笑を誘った。

2007年

「特別なことはしていない。与えられた役割を全力でやっているだけ」
——明神智和

黒子が支えた攻撃サッカー

そのゲーフラを目にするようになったのは、明神智和がガンバに加入して2年目の2007年だったと記憶する。

『ここにも明神。そこにも明神』

言い得て妙とはまさにこのこと。試合中、ヒヤリとするようなシーンでは必ず明神が体を張り、ボールを刈り取った。ボランチを定位置にしながら、「ここにも、そこにも」いる姿は百万力の心強さで、それはチームメイトも証言していた。

「ミョウさん（明神）はここにいてほしい、この場所でボールを奪ってほしい、このパスコースを切ってほしいっていうときに必ずいてくれる。（相手の攻撃を）潰すタイミングも抜群に的確ですしね。日本代表時代も含めていろんなすごい選手を見てきたけど、

ボールを奪うことに関してミョウさんほど職人肌の選手はいない」(加地亮)

「1試合に2、3回、年間にしたら100回は必ず『ミョウさんがいてよかった~』って胸をなでおろす瞬間がある。こっちに足を残しておいて、逆は体で取りに行くみたいな。僕が一瞬『やべっ、遅れた!』と思ったときにも必ずそこにいてくれます。なので、チームメイトながら何度も『うわっ、すっげ~』って感嘆の声を上げちゃうんですけど、そうすると相手のフォワードが『本当にすごいっすね』って乗ってくる(笑)。ちなみに、ミョウさんは肩で息をして、膝に手を置いてからが本番。しんどそうに見せておいて、そこから恐ろしいプレーを連発します」(中澤聡太)

「ガンバに加入する前からミョウさんは僕にとって理想としてきたボランチ。そのミョウさんと何度か組ませてもらって感じたのは、試合中、相手が何を考えているか、どういう動きをするのかを瞬時に読み取る力、危機察知能力が異常に鋭いこと。その上で確実にそれをプレーに生かしている。あれはある意味、職人技の域。真似をしようと思ってできるものでもない気がするけど、近づきたいです」(武井択也)

当時は、攻守のバランスを崩してでも前がかりに試合を進めることが多かったからからだろう。逆に裏のスペースを使われ、カウンターから相手に好機を作られるシーンも散見したが、結果的にそれを最小限にとどめながら勝利を引き寄せた試合が多かったのは、明神を筆頭に黒子として体を張り続けた選手の姿があったから。2006年、明神の加入に際して語った西野朗監督の言葉が、彼の必要性を明らかにしている。

「初優勝した2005年と同じ攻撃力を維持するには、その分、失点をできる限り抑えなければいけない。去年、アラウージョが33点、大黒（将志）が16点と、2人で49点を取ったけど、彼らがいなくなった今年はフォワード2人で30点と想定すると、約20点分のマイナスは守備を整備しないとバランスが取れなくなる。そのための明神、加地の獲得だった」

驚くべきは、その言葉通りの数字を出したこと。

初優勝の2005年は得点82、失点58（勝ち点60／1位）だったのに対し、2006年は得点80、失点48（勝ち点66／3位）。2007年は得点71、失点37（勝ち点67／3位）。得点数は毎年1位か2位の数字を叩き出しながら、失点数は目を見張る減少を見せた。もちろん、一人のパフォーマンスだけが結果を左右するわけではないが、少なからず明神の存在が影響を与えたことに違いはない。

当時、『ここにも明神、そこにも明神』のゲーフラになぞらえて、彼が担う役割について話を聞いたときの言葉を紹介しておこう。

「すごく嬉しいです。自分では黒子というつもりもないんですけど（笑）、目立つポジションじゃないのは事実なので、そんなふうに僕のことを見てくれている人がいるのはすごく励みになります。僕は決して特別な才能を持った選手だとは思っていないし、むしろ技術なら他にもうまい選手はたくさんいるし、僕以上に走っている選手もいます。加地やハッシー（橋本英郎）の運動量はすごいですからね。あいつらは涼しい顔でそれをやっているのに、僕はほんまにヘロヘロになっているので、その見た目の差で得しているのかも（笑）。でも、もうダメだ、これ以上走れないと思いながらもやっぱり、自分のところでボールを奪われて点を取られたら後悔するし、あとから自分の責任だったよな、と思いたくないから頑張れる。

また、常に全体を見渡して、判断をして、ボールを奪って、攻守の切り替えのスイッチを確実に入れることは意識してやっています。状況によっては、何にチームがストレスを感じていて、その原因はどこにあるのか。何がやりにくさにつながっているのか、それを覆すにはどういう対応が必要なのかを考えることもあります。それが僕の仕事だから」

結果的に彼は10年間にわたり第一線を走り続け、2015年を最後にガンバに別れを告げる。
そのラストマッチとなった天皇杯決勝、浦和レッズ戦でチームメイトが示した『明神愛』も忘れられない。残念ながら明神はメンバー外となり、試合を戦うことはできなかったが、チームキャプテンの遠藤保仁は背番号17のユニフォームを着用して表彰台に上がり、カップを掲げる際には背中を指差してアピールした。
「ミョウさんはいいときも、悪いときも常に先頭に立ってガンバを引っ張ってきてくれた偉大な選手。できれば今日も一緒に戦いたかったけどそれが叶わなかったので、大仁さん（邦彌・日本サッカー協会会長）や（高円宮）妃殿下にも許可を取って着用しました」（遠藤）
それに対し、明神もピッチから両手を挙げて笑顔で応える。サポーターのいるスタンドからは、大きな『明神コール』が沸き起こった。

2008年

「このメンバーでもしっかり戦えることを示せたのは大きな収穫」
――山口智

代表選手抜きで臨んだハワイでの濃密な2週間

2008年2月にメジャーリーグサッカー（MLS）の強化の一環として初開催された『パンパシフィック・チャンピオンシップ』。開催国アメリカからはロサンゼルス・ギャラクシーとヒューストン・ダイナモが参加し、国外からはオーストラリアのシドニーFCと、2007年ナビスコカップで王者に輝いたガンバが招待され、ハワイ州ホノルルにあるアロハスタジアムで熱戦が繰り広げられた。

例年であれば宮崎で2次キャンプを行う時期に同大会が重なったため、ガンバはこの年、2次キャンプをハワイで行うことになった。それゆえ、初戦が行われる2月20日の約1週間前、2月12日にハワイ入り。遠藤保仁、加地亮、橋本英郎、播戸竜二、安田理大は代表活動と重なり不参加になったが、クラブとして二度目のACLに臨むシーズンということを意識して、9名の新戦力を補強していたガンバにとっては選手層の充実を図る貴重な時間となった。

「当然ながら選手の年齢は毎年上がっていき、若いと思っていたフタ（二川孝広）も気がつけば28歳だから（笑）。そういう成熟した選手たちと若い選手がいい競争の中でチーム力を膨らませていくためにも、代表抜きで戦う今大会の意義は大きい。暖かくて、バカンス気分になりがちなハワイの地で、そっちに気持ちを持っていかれずに集中してシーズンの準備をできるか。今シーズンの明暗を分けると言ってもいい時間になる」

灼熱の太陽のもと、グアムでの1次キャンプから一層、日焼けした顔で西野朗監督は語っていたものだ。

もっとも地元の注目は、ガンバの初戦の相手でもあるロサンゼルス・ギャラクシーに集まった。マンチェスター・ユナイテッドでプロキャリアをスタートさせ、2003－2004シーズンからはレアル・マドリード（スペイン）で存在感を示すなど、当時絶大な人気を博したイングランド代表のデビッド・ベッカムが2007年7月から在籍していたからだ。しかも、監督を務めるのはオランダ代表として名を馳せたルート・フリット。現地ではMLSチームへの期待が大きく、前日会見でも当然のようにベッカムが注目を集め、彼が話すたびにカメラのフラッシュがたかれた。その中で印象的だったのは、西野とともにキャプテンとして会見に出席していた山口智の姿だ。

「ガンバにとってはシーズン最初の公式戦。新しく加入した選手も含め、ここまでの準備をしっかり結果として示し、いいスタートを切りたい」

ベッカムから対戦を楽しみにしている選手として名前を挙げられた山口だったが、涼しい顔で決意を語ると、ベッカムに一瞥もくれることなく会見場をあとにする。翌日の試合に1－0で勝利したあと、その胸の内を明かしてくれた。

「ベッカムは素晴らしい選手ですが、今回は敵として戦う相手。Jリーグを代表して、ガンバを代表して会見に出席しているからこそ敵としてしか見ていなかったし、それは試合を戦う中でも同じでした。今日はピッチのサイズも少し違い、慣れない人工芝での戦いでしたが、開始早々に先制できたのが大きかった。後半はやや押されたけど、しっかり守りきれたのは収穫。欲を言えば前半、あれだけたくさんのシュートチャンスを作ったので、それを得点につなげたかったし、追加点が奪えていたらもう少し楽な展開になったかもしれない」

そんなキャプテンの思いはチームにも伝播し、決勝に駒を進めたガンバはヒューストンに6－1で大勝。前半11分に先制点を許しながら3分後に追いつくと、バレーの4得点と新加入のルーカス、山﨑雅人が加点するゴールラッシュで初代王者に輝いた。

「このメンバーでもしっかり戦えることを示せたのは大きな収穫。代表選手も戻ってくる中でまたしっかりチームとして融合して、国内、アジアの戦いに向かいたい」（山口）

西野もまた手応えを口にした。

「新加入選手の持ち味も融合しながら、大会を通してアグレッシブな姿勢を示せた。暖かい環境で体を作れたことでコンディションもさらに良くなっている。代表メンバーも危機感を持って戻ってくることでしょう。いいスタートになりました」

長期キャンプとなればピッチ外での逸話が生まれるのが常だが、このときの主役は新加入のミネイロだろう。陽気で明るい性格の彼は、あっという間にチームに馴染んでムードメーカーに。その彼がチームメイトの心を鷲掴みにしたのが、オフに開催されたすき焼きパーティだ。ブラジル音楽に合わせてひたすら「フタガワ、フタガワ」と言い続けてリズムを刻むだけの『即興・二川ソング』を披露。聞けば、天才的なパスセンスで歴代のブラジル人選手に愛され続けてきた二川への愛の告白だったとか。一方、その二川が「ハワイの思い出に」と、こっそりウクレレを購入していたことも暴露しておく。

2008年

過酷を極めたACLアウェー戦記

「黙々とすごい勢いでご飯をかきこんでいるのを見て、だから戦えるのかと」

――中澤聡太

国内におけるACLの価値、位置づけが徐々に変わりつつあった中、2007年頃からJリーグのサポート体制も大きく変化した。それに伴い、ガンバにとって二度目の参戦となった2008年のACLは前回（2006年大会）とは異なる環境で戦いが進められた。

「昨年、浦和レッズが優勝したこともあり、初参戦した2年前とは明らかにACLのステータスが変わった。Jリーグのサポート体制もより強化されて、Jリーグもクラブもより本気でACLに臨んでいる感じもあった。もちろんそれがすぐに内容、結果に直結するほど簡単な戦いではないけど、僕を含め選手がそれを感じ取りながら今大会に臨めたのは大きかったと思う」（遠藤保仁）

実際、2年前と大きく変わった点がいくつかある。例えば移動手段。前回はどれだけ遠方でもエコノミークラスでの移動を強いられたが、2007年からJリーグのサポートを受けられるようになり、基本的にビジネスクラスでの移動となった。また使用スタジアムの細かい規定が見直されたことで、例えば2006年のようにピッチに釘が落ちていたり、照明が暗かったりということはなく、試合環境も大きく改善された。グループステージ第5節、アウェーでのチョンブリFC（タイ）戦が同クラブの本拠地ではなくバンコク市内のスタジアムで開催されたのも、ホームスタジアムが大会基準を満たしていないことが明らかになったため。他にも、宿泊ホテルを含めできる限り選手の疲労、負担を軽減するサポート体制が敷かれた。

移動着をスーツから体がリラックスしやすいジャージに変えたのも前回の経験があってこそ。食事面も然りで、現地の食事が口に合わない選手がいてもきちんと栄養を摂取できるようにと、炊飯器をはじめ多くのレトルト食品を持ち込み、スタッフが握ったおにぎりやうどんをメニューに加えるなど、さまざまな工夫を凝らすようになった。

もっとも、そうしたハード面のサポートが選手の疲労を軽減したとはいえ、片道15時間もの移動を強いられたオーストラリア・メルボルン、片道18時間半をかけたシリア・

ホムスへの移動を含め、Ｊリーグと並行した戦いが過酷を極めたのは言うまでもない。中でもシリアでの戦いは、他のどの環境とも一線を画す過酷さになった。

9月14日に関西国際空港を発ったガンバは、試合が行われる現地の環境を考慮し、15日にドバイ経由でダマスカスに一泊してトレーニングを行い、翌日ホムスに移動して試合を行うというスケジュールを組んでいた。ちなみにダマスカスへの移動には、トランジット先のドバイからチャーター機が用意されていたが、小型エンジンの飛行機での3時間のフライトは終始、揺れもあって落ち着かなかった。

「予選ではアジア南のオーストラリアを体感したが、今回は西の果てに18時間半、移動してきた。今は下半身が重かったり、6時間の時差による眠気もあるだろう。だが、初日の今日、しっかりとトレーニングを行い、食事をとって寝るというサイクルを一つクリアすれば、明日の体は今日とは違う。しっかりと明後日22時のキックオフに合わせて整えてほしい。明日の午後にはバスで2時間半をかけてホムスに移動する。熱狂的な街、熱狂的なサポーターで、ホテル環境もダマスカスとは大きく違う。それでもタフに戦ってほしい。いろんなサポートをしてもらい、ファイトできる状況を作ってもらったのだから、ベストな結果を持って帰ろう」（西野朗監督）

ガンバとしては同じ指揮官のもとで挑む二度目のACLであったことや、大半の選手が2006年の戦いを経験していたこともアドバンテージになった。
「前回とは違い、サポート体制が強化された中で『次は自分たちが』という気持ちになれた。僕を含めガンバの選手はあまり気持ちを表に出さないからわかりにくいだろうけど（笑）、選手個々がそういうマインドを備えて臨めたことは大きい。浦和が優勝したことでJリーグ、日本サッカー界全体の価値観がすごく変わった印象もある。またチームも少々のことでは動じない図太さを身につけた。サッカーはなんやかんや言っても、やっぱりメンタルが勝負。そこが強い方が最後は勝つ…というのが持論だけど、今年のチームにはその強さがある」（遠藤）
「僕自身は初めてのACLですけど、周りが何にも驚かないんですよ。驚くようなことが起きても、みんな笑って通り過ぎていくし、食事も…正直、味つけを含めて、口に合わないなって思うことはあるんです。なのに、横を見たらミョウさん（明神智和）が黙々と、でもすごい勢いでご飯をかきこんでいて…だから戦えるのかと。そう思って僕もかきこんでます」（中澤聡太）
「アジアではこの戦いが当たり前。夜中にホテルの部屋にいたずら電話がかかってきたり、夜中までホテルの周りで騒がれたり。そうしたことにも気持ちを揺らさず、いつも通りに試合を戦えるかも勝負を分けるポイントになる」（山口智）

選手の言葉にも最初のチャレンジとは違う強さが備わり、それが敵地であるほど際立ったことは、二度目のACLを勝ち進む後押しになった。

2008年

初のアジア制覇。正念場となった敵地での一戦

「うちの選手は逆境の方が自分の力を引き出せるのかもしれない」

——西野朗

クラブ史上初のアジア制覇を語るにあたり、大きな転機になったのがシリア・ホムスの地で戦った準々決勝、アルカラマ（シリア）戦だろう。

「相手は正直そこまで強いとは思わなかったけど、チームとして勝てていない時期だったので、シリアでの戦いをものにできたのは大きかった」（遠藤保仁）

この戦いを前に、ガンバは深刻な不振にあえいでいた。公式戦10戦勝ちなし。2005年のJリーグ初制覇以来、常勝軍団の仲間入りを果たしたガンバにとって、このクラブワースト記録が重くのしかかっていたのは言うまでもない。10戦目となったホームでのJ1リーグ第24節・名古屋グランパス戦も決して内容が悪かったわけではなく、多くのチャンスを作りだしたが、勝てない焦りからフィニッシュの精度を欠き、白星を

逃した。8月にバレーがアルアハリ（UAE）に電撃移籍をしたことも重く響いた。西野朗監督は「それを言い訳にしたくない」と強がったが、前年のJ1リーグでチーム最多20ゴールを挙げたエースのシーズン途中での移籍はどう見ても痛かった。

そうしたチーム状況を受け、サポーターのストレスは最高潮に。翌日のシリアへの出発を前に、名古屋戦後はゴール裏に居座ったサポーターと深夜3時までやりとりが続けられる。翌朝、クラブハウスから関西国際空港に向かうバスは警察車両に先導され、空港でも警察官が警護に目を光らせた。

そんな物々しい雰囲気の中、約18時間半をかけて乗り込んだアウェーでの一戦。関西国際空港からドバイを経由し、飛行機で16時間をかけてダマスカスに辿り着き、さらに試合が行われるホムスまでバスで2時間半をかけて敵地に乗り込んだガンバは、この一戦で確かな輝きを取り戻した。

試合はラマダン（断食）明けの時間帯に行われたこともあり、空腹が満たされたアルカラマ・サポーターのボルテージは最高潮。試合前から、会場入りするガンバのバスに向かって奇声を発するなど独特の雰囲気を作り出す。スタンドの熱気もすごく、その雰囲気に気圧されたのか、ガンバはわずか7分で先制点を許してしまう。

「油断したわけじゃないけど、おそらくは誰もが立ち上がりの相手との力関係を見て、いけるんちゃうかと思った矢先に失点して…。でも、1点を取られて目が覚めた。相手が引いて守りに入ったこともあってペースを握れたし、ボールを動かすことで相手のメンタルに働きかけられたというか…相手が僕らのボール回しに辟易としてきたところで点を取れたのが大きかった」（加地亮）

加地の言葉にあるように、前半こそ守勢に回ったアルカラマの壁を崩せずに0－1で折り返したが、後半22分に播戸竜二、山崎雅人を投入して3バックにシステムを変更すると状況は一転。中盤の枚数を増やしてポゼッション率を高めながら、途中出場の2人が徹底して相手の裏を取り続けたことで流れを引き寄せる。その中でゲームキャプテンの山口智がセットプレーから同点ゴールを挙げると、チームはさらに加速。後半32分には山崎がショートカウンターからゴールを陥れ、2－1で逆転勝利を飾った。

「確信を持って自分たちのサッカーができた中で、結果を引き寄せられた」（山口）

この試合を機にガンバは息を吹き返した。帰国から中3日で迎えたJ1リーグ第25節・京都サンガF.C.戦で勝利すると、あっという間に公式戦4連勝を飾る。第27節・東京ヴェルディ戦に3－1と勝利したあとの西野の言葉が印象的だ。

「チームは生きているので、いろんな状況がある。いいサッカーをしても勝てないときもあれば、いい処方をしたはずなのに治らないときもある。今回の特効薬は間違いなく『シリア』。うちの選手は逆境の方が自分の力を引き出せるのかもしれない」

事実、その後もACL準決勝・浦和レッズ戦まで負けなしで戦いを進めたガンバは、11月5日に行われたホームでのACL決勝・第1戦、アデレード・ユナイテッド（オーストラリア）戦を3－0で圧勝。アドバンテージを持ってアデレードに飛ぶと、敵地での第2戦も2－0と完勝する。グループステージから数えて12戦無敗、アウェー全勝という圧巻の強さを示して掴み取ったアジアの頂点だった。

「今シーズンは途中で選手の移籍や主力の長期離脱もあったし、チームとしても苦しんだ。その過程でガンバのスタイルを貫き通せたことが一番の勝因になったと思う。昨年、レッズにアジアのタイトルを先に獲られてしまったので、今年はガンバが、という思いは当然あった。ただ、レッズとは違うガンバのスタイルで勝ち抜くことで、昨年とは違う価値のあるタイトルにしたいと思っていた。その中でグループステージからの12試合、すべてでガンバのスタイルを発揮し、アウェーでもいい試合をして、レッズとは違う意義を持つチャンピオンになれた。チーム全員で、最後まで勝ちきってタイトルを獲るこ

とができて、本当に嬉しい」（西野）

この年、西野はJリーグ史上2クラブ目となるアジアチャンピオンに導いた手腕が評価され、アジア最優秀監督に輝いた。

2008年

仲間に慕われ続けたゲームキャプテン
「どんな試合も芯を崩さずに戦わなければいけない」
――山口智

30年の歴史において、ガンバには数々の点取り屋が在籍してきた。エムボマ、マグロン、マグノ・アウベス、レアンドロ。在籍年数こそ短いが、タイトル獲得の立役者となったアラウージョ、ルーカスをはじめ、現在も在籍しているパトリックもファンにとっては思い入れが強い選手だろう。もちろん日本人選手も負けていない。永島昭浩、松波正信、吉原宏太、大黒将志、播戸竜二、宇佐美貴史…。名前を挙げればきりがないほど、たくさんのフォワードがインパクトを残してきた。

そんな中、センターバックながら得点源として異彩を放ってきた選手がいる。2001年にガンバに加入した山口智だ。在籍11年間で挙げた得点はリーグ戦32点、ナビスコカップ5点、天皇杯5点、ACL6点のトータル48得点。センターバックとしてはクラブ最多の記録だ。遠藤保仁から送り込まれる精度の高いキックに合わせるヘディングは『伝家の宝刀』と称され、幾度となくチームを助けた。中でも本人が「最も嬉しかったゴール」として記憶しているのは、2008年の浦和レッズとのACL準決勝・第2戦での同点ゴールだ。

ホームでの第1戦を1－1で終えたガンバは、アウェーでの第2戦に乗り込んだ。決勝進出を懸けた大一番に会場のボルテージは最高潮。5万3287人を集めた真っ赤な埼玉スタジアムは、試合前から異様な熱気に包まれた。

「アウェーゴールは取られたけど、1－1で折り返せたのは決して悪くない。まだ前半。次に勝てばいいだけ」（遠藤）

『2点以上を奪って負けないこと』を合言葉に試合に臨んだガンバは、先制点こそ奪われたが慌てる様子はない。定めた目標に変わりはなく、相手のプレスに苦しめられながらも果敢にゴールを目指し続けた。

流れを引き寄せたのは、ロニーに代えて佐々木勇人を投入した後半だ。4－4－2から4－2－3－1に布陣を変えて中盤に厚みをもたせると、抜群のスピードで精力的に前線を駆け回った佐々木にも牽引され、浦和ゴールを攻め立てる。

その勢いのままに同点ゴールを挙げたのが山口だ。後半6分、遠藤のCKに頭で合わせて同点に追いつくと、後半27分にも再び遠藤のCKに明神智和が合わせ、目標の『2点目』を奪う。こうなれば勢いは止まらない。後半32分には遠藤を起点にルーカス、橋本英郎とつないだボールを再び遠藤が受け、右足で流し込んだ。

「2点取っても、今日は3点目、4点目を狙いにいくつもりだった。2失点目を喫したとしても、僕らの方がまだ優位に立っていられる状況だったのもありますが、何より腰が引けた戦いをしたくなかった」(山口)

リーグ戦で不振にあえぐ中、シリアの地に乗り込んで戦った準々決勝・第1戦、アルカラマ戦でもチームを蘇らせる同点ゴールを挙げたゲームキャプテンは胸を張った。

もっともこれは、守備を蔑ろにするということでは決してない。むしろ山口は攻撃サッカーをスタイルに掲げるチームにあっても、失点に対する意識を強く備えていた一人だ。前年のナビスコカップ決勝でも試合後、「1－0というスコアをガンバらしくないと思うかもしれないけど、僕らとしては先に点を取って守りきるという理想の展開だった」と話していた。

つまり、彼が常に大事にしていたのは、勝つことから逆算したチームの流れ。看板だった攻撃サッカーというスタイルを大事にしながらも、結果を得るために守ることが必要となれば、一切の妥協なく仲間に檄を飛ばして守備を求め、それがブレーキになると感じたときには前がかりになるチームの背中を押す。試合に応じてピッチに漂う空気を敏感に感じ取りながらコントロールするさまは、ゲームキャプテンとしての真骨頂だった。

「自分たちのサッカーを90分間やり続けるには、どんな試合も芯を崩さずに戦わなければいけない。特に、このACLでは対戦したことのない相手との試合が多い。状況によっては我慢も必要だし、どういう展開になってもバタバタ感を出さないことが大事だと思う。予測しない展開になったとしても芯を崩さずに我慢して戦えれば、必ずチャンスはくる。2005年の初優勝のときはその我慢がなかなかできなくて終盤戦は苦しんだけど、そこからいろんな経験を積んで我慢ができるチームになってきた。もちろん、その我慢が攻撃サッカーの勢いを止めてしまわないように、ということは常々考えているけど、勝つためには必要だと思う」

ゲームキャプテンを務めるようになって3シーズン目、2008年のシーズンインを前に話していた言葉だ。その決意のもと、ピッチでは幾度となく仲間に雷を落とすシーンを見かけたが、チームメイトの誰からも愛され、信頼を寄せられたのは、その人間性ゆえだろう。
「ゲーム中、熱くなっている僕を落ち着かせられるのは智さんだけ。よく怒られたけど、僕の意見も真摯に聞いてくれた。素直に考えをぶつけられるのは智さんの人間性があってこそ」（中澤聡太）
「試合中、何回怒られたかわからんけど、こんなに怒られても、こんなに大好きなのは智さんだけ」（安田理大）
　ピッチを離れれば情に厚く、気配り、目配りを忘れない。元気のない選手にこそ近づいて声をかける。そんな人間力を存分に発揮しながら、仲間に慕われ続けたゲームキャプテンは、ガンバの攻撃サッカーを『勝てるサッカー』に変貌させた立役者の一人だった。

2008年

西野ガンバに不可欠だった切り札

「チームが苦しんでいるときに貢献できたのが嬉しい」——山﨑雅人

「西野（朗）さんは国籍、キャリア、年齢など一切関係なく、練習で調子がいい選手を起用する公平性のある監督」と話したのは大黒将志だが、おそらくほとんどの選手が同じことを感じていたはずだ。だからだろう。西野によってスタメンに抜擢された選手、あるいは途中出場で起用された選手は、必ずと言っていいほど活躍を見せた。

中でもACLを並行して戦うようになった2006年以降は、長距離移動を含めた厳しい連戦を勝ち抜くための選手層の厚さが不可欠に。途中からピッチに立って流れを変えられる切り札の活躍はチームを勢いづけ、勝利を引き寄せるだけではなく、タイトルの歴史を支える重要なピースとなった。

その象徴的な選手が2008年から2年間プレーした山﨑雅人と、2008〜

2012年まで在籍した佐々木勇人だろう。もっとも本人たちは常々、先発でピッチに立つことを目指していたからこそ『スーパーサブ』と評されることは本望ではなかったはずだが、常に献身的にチームのために戦い、結果を残す姿は頼もしい限りだった。

山﨑であれば、2008年のACLが印象的だ。2試合目の先発出場となったグループステージ第4節のメルボルン・ビクトリー（オーストラリア）戦で2ゴールを奪うと、続く第5節・チョンブリFC戦では途中出場からわずか1分でファーストタッチを先制ゴールにつなげ、ノックアウトステージ進出に貢献する。このメルボルン戦を「ヤマ（山﨑）の活躍が大きかった」と振り返ったのは橋本英郎だ。

「それまで、ヤマのプレースタイルを今一つチームとしても掴みきれていなくて。でもメルボルン戦でその特徴がはっきりした。ヤマはランニングしながらボールを受けて、そのままドリブルでも仕掛けられるしキープもできる。いろんなところでターンを入れながらプレーもできる。右側でトラップしたあと、一度体を左に持っていってからもう一回右にいけるとか…そういう選手はこれまでのガンバにいなかったし、実際、メルボルン戦も相手選手は露骨にヤマに振りきられていた。そういう武器があったからACLで結果を残せたんだと思う」

この年、クラブワースト記録となる公式戦10戦未勝利の窮地に立たされた中で迎えた準々決勝・第1戦、アルカラマ戦での決勝ゴールも印象的だ。1－1で迎えた後半32分。前線からのプレスでボールを奪うと一気に前線に抜け出しゴールネットを揺らした。

「チームが苦しんでいるときに貢献できたのが嬉しい。これまでチャンスで決めきれずチームに迷惑をかけたので決められてよかった」（山﨑）

アルカラマをホームに迎えた第2戦でもゴールを挙げた山﨑は、ACL得点ランキングで日本人最多の5点をマークし、大会制覇に大きく貢献する。

「僕のところにいいボールが集まってきたから決められた。みんなに感謝しています。ACLは国内リーグでの調子が振るわないときもみんなで前向きに、厳しい戦いを乗り越えてきた。その分、喜びも大きいです」

その存在感は死力を尽くして戦った天皇杯準決勝、横浜F・マリノス戦での決勝ゴールを含め、苦しい試合でこそ際立った。

その山﨑と同じく2008年に加入し、シーズン後半にギアを上げた佐々木勇人も印象深い。同年7月には途中出場からの途中交代、いわゆる『インアウト』を経験するなど苦しんだが、切れ味鋭いドリブルという持ち味が発揮されるにつれて、停滞した攻撃を蘇らせる切り札としての起用が増える。ACL最大の正念場となった浦和レッズとの準決勝・第2戦では0－1で迎えた後半開始からピッチに立つと前線を活性化。逆転勝利を後押しする輝きを示し、決勝のアデレード・ユナイテッド戦では2試合とも先発に抜擢された。大柄の選手相手に小柄な体でリズムよくドリブルを刻んで翻弄する姿は痛快だった。

「アジアチャンピオンという実感はいまいち湧かないですけど、頂点に立ててとにかく嬉しい」（佐々木）

その姿は2009年以降も続き、サイドアタッカーとして存在感を示す。ドリブルで切り裂いたあとのクロスボールも目を見張る精度だったが、意外にも本人は「クロスはあまり得意じゃなかった」と言う。

「目指すのはオールラウンドでプレーができる選手。サイドだけじゃなくて中でも仕事をして、ときには裏にドリブルで仕掛けてチャンスを作り、できればゴールも取りたい。スルーパスも好きですけど、ガンバはパサーが多いので、自分はパス回しにはそこまで加わらずに、空いたスペースに走り込む方が効果的なんじゃないかと思っています」

いつからか、その仕掛けはサポーターにも愛される武器となり、佐々木がボールを持つたびにスタンドから自然と歓声が上がるようになったのも印象的な出来事だ。

「サイドでボールを持つと、なんとなくスタンドが湧くのは僕も感じていますし、心強いです。その声に背中を押されるからというのもあるけど、サイドでの仕掛けは得意というか…負ける気がしない。ボールを持つたび、絶対抜いてやろうと思っています」

プレーから漏れ伝わってくる負けん気の強さもまた、サポーターの熱を高める理由の一つだった。

2008年

真っ向から挑んだクラブワールドカップ

「次元が違ったのは認めざるを得ない」

——橋本英郎

選手の誰もが初めて戦う世界の舞台を前に、胸を躍らせていた。大会前のルーカスの言葉がそれを物語る。

「あの舞台に立つことを考えただけで今からワクワクするよ。僕が初めてFIFAクラブワールドカップ、昔でいうトヨタカップを見たのは、1992年のサンパウロ対バルセロナ戦。2ゴールを挙げたサンパウロのライーの活躍がすごく印象に残っている。僕の心にしっかりとトヨタカップが刻まれた瞬間だった。以来ずっと、特にブラジルのチームが出場する試合は欠かさず見ていた。僕が子どもの頃から応援してきたコリンチャンスはトヨタカップの時代には優勝できなかったけど、2002年のクラブワールドカップ第1回大会で優勝したことも覚えているよ。今とは大会形式が違ったから、クラブワールドカップのチャンピオンになったという印象はあまりないけど（笑）。

そういえば、2003年12月のトヨタカップはFC東京との契約のために来日していたから、スタジアムで観戦したよ。僕はACミランを応援していたんだけど頂点に立ったのは、アルゼンチンのボカ・ジュニアーズだった。当時も今もサッカー選手にとってクラブワールドカップは憧れの舞台。僕もブラジルでプレーしているときからトヨタカップへの出場を目指していたから。まさか自分がそのピッチに立てるなんて…頑張ってきて本当によかった」

そんなワクワクした気持ちのまま乗り込んだ、初めてのクラブワールドカップだった。初戦のアデレード・ユナイテッド戦は、ACL決勝と合わせて3度目の対戦ということから対策を練られ、序盤は思うように攻撃の形を作れずに苦しんだが、前半23分に均衡を破るゴールを遠藤保仁が決めて準決勝に進出した。

次なる相手は名将ファーガソンが率いる『赤い悪魔』こと、マンチェスター・ユナイテッドだ。クリスティアーノ・ロナウドをはじめテベス、ギグス、ルーニー、ネビル、ファンデルサールら錚々たる顔ぶれが揃うスター軍団を相手に、ガンバがシーズンを通して示してきた攻撃サッカーがどこまで通用するのか。大会前から世間の注目はそこだけに集中していたと言っても過言ではない。遠藤も珍しく「ぜひ対戦したい」と口にしていた。
「マンチェスター・Uは選手、監督、戦術すべてにおいてトップレベルの実力を持ったクラブ。一人のサッカー選手としてそういうクラブと対戦できるのは非常に幸せなことだと思う。ただ、怖がる必要はないと思います。攻守において常に数的優位の状況を作ることができれば、ゴールを奪う可能性も高くなる。ACLでの12戦無敗という結果を通じて、ガンバの攻撃的スタイルがアジアでも通用すると証明できたので、次は世界の舞台でガンバのサッカーを試したい。真っ向勝負？　もちろんです」（遠藤）
4日前のアデレード・U戦で攻撃の切り札である佐々木勇人、二川孝広が揃って負傷したのは誤算だったが、ガンバは『いつも通り』を合言葉にマンチェスター・U戦に臨む。世界の強豪クラブが相手でも引いて守るつもりは一切なかった。
「誰を警戒する、どう止めるではない。全員警戒せなあかんし、全員止めなあかん。クリロナ（C・ロナウド）？　マンチェスター・Uの中でも一番好きな選手やけど、告白は試合が終わってからするわ（笑）。リスペクトしすぎず、アグレッシブに。戦うからには当然、勝ちにいきます」（安田理大）
その言葉通り、立ち上がりからゴールを目指した。前半5分までに放ったシュートは

3本。さらに13分には遠藤の縦パスを受けた播戸竜二が決定機を迎えるが、シュートは相手ゴールキーパーのファンデルサールに防がれてしまう。その後、セットプレーから2点を失ったが、そうなればなおさら後半のプランは明白だった。

「取りにいくぞ」

西野朗監督の言葉に反応するかのように、沈黙を破ったのは後半29分だ。カウンターから橋本英郎のパスを受けた山﨑雅人がゴールネットを揺らし1点を返す。となればマンチェスター・Uも黙っておらず、そこから一気に3点を決められ1－5と突き離されてしまう。それでもガンバは攻める姿勢を崩さず、後半40分にはＰＫで遠藤が、アディショナルタイムには橋本がミドルシュートを叩き込んだ。

「次元が違ったのは認めざるを得ない。得点？　偶然入ったレベル。雰囲気に取らせてもらいました」（橋本）

力の差は歴然だったが、相手よりも5本多い23本のシュートを放ち、ボール支配率も51％とわずかながら上回った事実は、スタイルを貫いた証だと言える。

その試合後、憧れのC・ロナウドのもとに歩み寄ったのは安田だ。公言していた通り、ユニフォーム交換にこぎつけた。

「試合が終わって、その日のうちにクリロナのユニフォームを着てみたけど、似合ってて怖かった（笑）。僕より体はでかいのに小さめのユニフォームを着てるせいか、僕にはジャストサイズ。伝統の『7』を引き継いでマンチェスター・Uに入団した気分を味わい、一人で部屋の鏡の前で興奮していました（笑）。前日が僕の誕生日やったから、最高のプレゼントをもらった感じ。ただ、ユニ交換のことばかり取り上げられるけど、大事なのはそこじゃない。大会を通してガンバの一員として世界を舞台に戦えたのが、僕にとっては一番の喜びであり、誇りやった。マンチェスター・Uとは何もかもにおいて圧倒的な差を感じた。それによってもっとサッカーがうまくなりたい、強くなりたいと思えたことは、来年のガンバを走らせる原動力になると思う」（安田）

世界を相手にあらためて感じた物足りなさは、ガンバにとって、また選手たちにとっても最高の財産になった。

第5章

栄光と苦悩

2008年

死力を尽くして掴んだ初の天皇杯優勝

「点を取ることに苦しんだ分、1点の重みも知った」

播戸竜二

凄まじい勝利への執念とプライドが詰まった優勝だった。

クラブ史上初のアジア制覇を達成し、初出場のクラブワールドカップで3位に輝いた2008年。すでに1シーズンにおけるJクラブ最多の公式戦を戦っていたガンバが、さらなるタイトル獲得に執着を見せたのが年末の天皇杯だった。アジアチャンピオンになったにもかかわらず、同年のJ1リーグは8位で終えており、この時点で翌年のACL出場権を手にしていなかったからだ。

「正直、かなり疲れています。でも、来年もまた絶対にACLを戦いたい。アジアチャンピオンとしてあの舞台に立たなければいけないとも思います」（山口智）

クラブワールドカップを戦い終えた翌日、年末恒例のJリーグアウォーズで自身三度目となるベストイレブンに選出された山口は、激戦のダメージを口にしながらも、次なるタイトルに意欲を見せた。それは同アウォーズで、史上最長となる6年連続6度目のベストイレブンに輝いた遠藤保仁も同じだった。

「やりきったけど、やりきっていない。疲れたけど、疲れたと言っていられない、そんな感じ。来年、もっと怖いチームになってもう一度クラブワールドカップに出場するためにも、天皇杯、獲りにいきます」（遠藤）

そうして再び、チームとしての結束を強めたガンバは、クラブワールドカップから4日後の12月25日、天皇杯準々決勝の名古屋グランパス戦に向かう。ただし、クラブワールドカップで負傷した二川孝広をはじめ、チームはまさに満身創痍の状態。1年分の疲労の蓄積は選手の体を蝕み、試合前日には加地亮が高熱を出した。

「ホテルのベッドの上で吐き気がして、悪夢のクリスマスイブだった」（加地）

それでも前半のうちに2点のリードを奪うと、後半は好セーブを連発した藤ヶ谷陽介を中心に守備陣が気を吐く。後半25分には失点を喫したものの90分で勝ちきり、準決勝に駒を進めた。

「最後押し込まれましたけど、全員で集中して守りきれた。この日程なので延長にはし

たくなかった。90分で終われたのが一番の収穫です」（藤ヶ谷）

もっとも準決勝の横浜F・マリノス戦はそうはいかず、スコアレスのまま延長戦に突入する。死闘と呼ぶに相応しい、力を出し尽くした戦いにとどめを刺したのは延長後半11分だ。途中出場の寺田紳一がドリブルで攻め上がり、足をつりながらラストパスを送り込むと山﨑雅人が右足でゴールに蹴り込んだ。後半31分には右足首の痛みを押して出場していた遠藤が珍しく自ら交代を申し出てピッチを退き、延長戦に入ってからは橋本英郎が右内転筋を痛めて交代するアクシデントもあった中、チーム全員で掴み取った決勝への切符だった。

「うちのトレーナールームはまさに今、野戦病院と化している。何人が決勝の舞台に立てるのか…。今シーズン、一番と言ってもいいくらい難しい試合になる」（西野朗監督）

準決勝から中2日、戦術を合わせる時間もないまま迎えた2009年1月1日。その決勝戦も、準決勝と同じくスコアレスのまま延長戦にもつれ込む死闘となった。

試合を決めたのは、西野から「ヒーローになってこい」と送り出された播戸竜二だ。遠藤が右足アウトサイドでゴール前の倉田秋にパスを出し、その倉田から右に出されたボールに播戸が詰める。放ったシュートは相手ディフェンダーに一度阻まれたものの、そのこぼれ球に反応した播戸が再び左足を振り抜いてゴールネットを揺らした。執念の決勝ゴールだった。

「(利き足ではない)左足でボールを受けたから、自分が打っても決まらないかなと思い、バンさん(播戸)に託しました。ピッチに立って優勝の瞬間を味わえて、ほんまに幸せ。めちゃめちゃ嬉しいです」(倉田)

「チームが苦しい戦いを続けている中、個人的には結果を出せない試合が続いていて…。今日もベンチスタートになりましたけど、チャンスをもらったのでなんとか応えたいと思っていました。今年は(肝機能障害で)入院もあって、あらためて自分は心と体のバランスが取れていないと点を取れないと思い知ったし、点を取ることに苦しんだ分、1点の重みも知った。ただ、どんなときもその1点を心底欲して戦ってこれたから、体の底から湧き上がる感覚みたいなものが出てきたんやと思うし、それが天皇杯の1点につながった」(播戸)

西野もまたそんな選手たちに賛辞を送った。

「今年のスケジュールを見たときから、この天皇杯を獲るのが一番難しいと思っていました。今日も試合中、いつ選手がバツ印を出すかわからない状況でしたが、最後、全員が振り絞って、掴み取った。うちに限らず、この時期にチームが一つになるのはどこも難しい中で、ガンバにはACLやクラブワールドカップを通して培った勝ちきる力が自信として備わっていた。これで来年もアジアの舞台に立てる。新年の抱負？　ゆっくり体を休めましょう、です（笑）」

こうして61試合目となる公式戦を白星で飾り、長く、厳しい2008年は天皇杯制覇で幕を閉じた。

2009年

アジア年間最優秀選手獲得の舞台裏

「驚きはない。むしろ去年の方が驚きでした」

――遠藤保仁

「YASUHITO ENDO、GAMBA OSAKA!」

会場に名前が轟いた瞬間、遠藤保仁はおどけた表情を見せた。

「呼ばれた瞬間は…『呼ぶの、早くない?』って(笑)。ちょうど壇上から席に戻る最中だったから『あれ? 俺の名前を呼んでるな』と。席に着いてからもう少したためてというか…ジャカジャカと音楽が鳴って発表になるのかなと思っていたのに、そうじゃなかったからドキドキする暇もなくステージに引き返しました」

マレーシアのクアラルンプールで行われた2009AFC(アジアサッカー連盟)年間アワード。前年に続き、優秀プレーヤーにノミネートされた遠藤は、中村憲剛(川崎フロンターレ)をはじめとする他の4選手とステージに立っていた。それぞれのシーズンの活躍を振り返る映像が流れ、活躍を称えられたあとは舞台を降りてゆっくりと自身の席へ。緊張している様子は微塵も感じられない。他の4選手に足並みを揃えるでもなく、マイペースにゆっくりと歩みを進める。そのスピードに焦れたわけではないはずだが、席に着くよりも前にAFCのビン・ハマン会長の声が響き渡った。

再びステージに上がってからも、遠藤然としていた。前年の同アワードで優秀プレーヤーに選出されたときは、前日に付け焼き刃で英語でのスピーチを暗記し備えていたが、今回は違う。

「話せない言葉で無理に話すより、自分の言葉で話した方が自分らしいいし、ちゃんと気持ちも伝わるはず」

そのときの感情のままに、日本語で話し始めた。

「皆さん、こんばんは。僕は英語が話せないので日本語で失礼します。この賞をいただいて非常に嬉しく、光栄に思っています。去年もここに来ましたが、MVPをもらうことはできなかったので、今年ももらえなかったら泣いて帰ろうかなと思っていました(笑)。この賞に恥じないようにこれからも精一杯努力をして、いいパフォーマンスを見せ、これからも夢と希望を与えられるような選手になっていきたいと思います。ありがとうございました」

たくさんの視線にたじろぐ様子もなく、むしろその場を楽しんでいることが漏れ伝わってくる。それは受賞後の記者会見でも続き、記者からの「年間最優秀選手に選ばれたことに驚きはあるか?」という問いかけに独特の言い回しで切り返し、笑いを誘った。

「驚きはない。むしろ去年の方が驚きでした」

遠藤だけではない。2008年の受賞を逃した際は誰もが驚いたはずだ。日本代表としてはもちろん、ACLでもガンバを初のアジア制覇に導く圧巻の活躍を見せていただけに、なおさらだ。同賞は代表チーム、クラブでの活躍に応じて与えられるポイントが集計され、最終的には5名のエキスパートパネルによってアワード当日に最優秀プレーヤーが選出される。前日の会見では他国の報道陣でさえ遠藤の受賞を信じて疑わず、多くの海外メディアが遠藤を囲んだが、当日、年間最優秀選手に選ばれたのはウズベキスタン代表のセルヴェル・ジェパロフ(ブニョドコルFC)だった。

その経験もあってだろう。二度目の授賞式には前回以上にリラックスした遠藤の姿があった。当時はどこに行っても視線を集めた時代。待ち時間に行ったオープンカフェでの取材時、コーヒーを飲みながら「こんなふうに、人目を気にせずお茶を飲むのはすごく久しぶり」と笑っていたものだ。そこで聞いた言葉も印象的だった。

「ここ数年のパフォーマンスを振り返って、今年が特別よかったと思っていないけど、一昨年と去年はシーズン中に離脱してしまったのに対して、今年は1年を通して一定レベルのパフォーマンスを示せたのはよかったし、国内戦、ACL、代表戦とハードスケジュールの中、怪我なく戦えたのもよかった。どういう賞であれ、周りの人に評価してもらえるのは嬉しいし、励みにもなる。(代表戦を戦ったあと)南アフリカから戻ったばかりで正直、疲れを感じる暇もないほどの忙しさで…この2週間はずっと雲の上で過ごしているような感覚のままクアラルンプールに来たから、どうせならてっぺんに立ちたいけど、個人的にはやっぱりJリーグのMVPを獲れた方が嬉しいかも。それはイコール、チームの成績もいいということだから」

それを現実としたのは5年後のことだ。2014年、クラブ史上初の三冠を掴んだガンバにおいて、その心臓として走り続けた遠藤は、史上最多11回目となるベストイレブンに選出されるとともに、初のMVPに輝いた。

「2005年以来、チーム全員でアウォーズに来ることができて、みんなで表彰台に上がれたのが一番嬉しい。やっぱり優勝はいいもんだなって思いました。MVPは…チームスポーツだから個人がスポットを浴びるのはあまり好きじゃないですけど、評価していただいたからこその賞なので非常に嬉しいです。チームメイト、スタッフ、支えてくれた人たちに感謝します」

そういえば、以前に空港で取材を行った際に、彼が手にしていたパスポートを見て驚いたことがある。出入国の際に使うページは何枚も継ぎ足され、原形をとどめないほどパンパンに膨れ上がっていたからだ。これまで歩んできたキャリアを示すそれは、彼がピッチで輝くたびに脳裏に蘇ってくる。

2009年

『ガンバの至宝』の鮮烈デビュー

「もっと喜びたかったのに、それどころじゃなかった」
——宇佐美貴史

物心がついた頃から万博記念競技場のゴール裏でガンバを応援していたサッカー小僧は、ガンバのユニフォームを着てプロになり、その右足で新たな歴史を刻んだ。

ACLグループステージ第6節のFCソウル（韓国）戦に初先発した宇佐美貴史は後半19分、倉田秋からの絶妙な縦パスに合わせ、オフサイドラインぎりぎりで前線に抜け出すと、ワントラップから豪快に右足を振り抜いた。飛び出していたゴールキーパーの立ち位置を見極め、タイミングを外してコースを突いたプロ初ゴールだった。

「抜け出した瞬間に足がつっていて…でも、ここでコケたらあかんと踏ん張ったら、うまくトラップできた。もっと喜びたかったのに足がつって、それどころじゃなかったです（笑）。あんな形でゴールを決めたことはなかったので、なんであんな動きができたのかよくわからないですけど、僕にとっての聖地に背中を押してもらったのかもしれない」

17歳と14日。アカデミーの先輩、稲本潤一のクラブ最年少ゴール記録を塗り替える一撃は、ACLの最年少ゴールにもなった。

試合の前日は、サッカー人生で初めて緊張で眠れない夜を過ごした。ガンバはすでにグループステージ突破を決めており、その週の紅白戦から先発メンバーに名を連ねることは予想していたが、その準備期間においてベテランの松代直樹を中心に急遽、選手だけのミーティングが行われたことも緊張感をより大きくした。

「選手だけでミーティングをするのは初めてで。松代さんがみんなを前に『FCソウルは生半可な相手じゃない。覚悟して臨まないとボコボコにされる。俺らはすでにグループステージ突破を決めているけど、内容によってはこれまで勝ち点を積み上げてきたチームに泥を塗ることになる。相手はガツガツくるだろうし、Jリーグと同じような感覚で入ったら怪我をするから、強い気持ちを持って臨もう』と話しているのを聞いて、そうでなくても緊張していたのにマックスの緊張感に襲われた。なんなら僕、グループステージ突破を決めた前節の翌日の新聞で『西野監督、宇佐美先発を明言』って記事を見てからずっと緊張していましたから（笑）。だって考えてみてください。ＡＫＢ48に憧れていた女の子が、そのＡＫＢの一員になって武道館でライブをするようなもんですよ」

実はこの試合、新型インフルエンザ蔓延のため無観客で行う予定だったが、政府の対策緩和を受けて一転、通常開催に。その結果、宇佐美スタジアムに集まった６８６１人の前でプロ初ゴールを刻むことができた。

「勝てなかったのは残念やったけど、僕にとってはあのゴールが初めての『持ってる』。デビュー戦でゴールを決められるなんて、そうそうあることじゃないし、ＡＣＬの最年少ゴール記録というアジア記録を作れたのも嬉しかった」

宇佐美伝説の始まりだった。

2010年

天皇杯決勝で亡き昌子ママに捧げたゴール

「これからも見ていてくださいという思いを込めて」

遠藤保仁

1－1で迎えた後半32分。勝ち越し点を奪った遠藤保仁は、左腕に巻いていた喪章を外してキスをすると、思いを伝えるかのように右手を伸ばし、天を指差した。

「思いはプレーで表現する」

もう何年も彼が繰り返してきた言葉が頭をよぎり、胸が熱くなる。それだけでは終わらない。9分後に二川孝広の追加点をアシストすると、アディショナルタイムには再び自らゴールを決める。4－1。終わってみれば2ゴール1アシストの圧巻の活躍で、ガンバ史上初の天皇杯連覇に導いた。

「今シーズンは一つもタイトルを獲れないままここまできてしまったこともあり、どうしても天皇杯は獲りたかった。ずっと可愛がってもらっていた昌子ママ（松下昌子／松下正幸パナソニック株式会社副会長夫人）が12月末に亡くなったときにも、あらためてタイトルを胸に誓っていた。僕たちには闘病生活を送っていることを知らされていなかったので、突然の訃報で本当に驚いた。12月24日の告別式に参列したときに天皇杯での優勝を約束したので、29日の準決勝も、元日の決勝も、自分としては特別な思いで臨んでいた。それもあって今は嬉しいというより約束を果たせてホッとしている。

ゴール後のパフォーマンスは昌子ママに、これまでたくさんお世話になった感謝の気持ちと、これからも見ていてくださいという思いを込めて。試合に駆けつけてくれた副会長がすごく喜んでくれていたのも嬉しかった。ただ、決勝での2ゴール1アシストを周りはすごく評価してくれたけど…普通、普通（笑）。そんなにすごいことをした意識はない。サッカーは仲間がいて、11人が同じリズムで戦えて初めていろんなプラスアルファが生まれる。今日はそれがピッチのあちこちで見られてすごく楽しかった」

ピッチで示した思いの強さとは対照的に、試合後はいつもの遠藤らしく淡々と言葉を紡ぐ。ゴールシーンを振り返った言葉に彼らしさをにじませながら。

「1点目はドリブルで2人を抜いてフィニッシュに持ち込んだことで、なんとなく僕が目立っているけど、大事なのはそこに至るまでの一連の動き。同点にされてからもチーム全員が我慢して戦い続けたという過程があって、あの勝ち越しゴールが生まれた。シュートを打つ瞬間は、相手のゴールキーパーが楢﨑正剛さんでコースが甘くなったら絶対に止められると思ったので、外してもいいからできるだけゴールの端っこの、厳しいコースを狙おうと思っていました。

そのあとのフタ（二川）へのアシストは、自分でトラップして打つという選択肢もあったけど相手のディフェンダー2枚がゴールの中に入ってコースを消そうとしていたから、フタに任せた方が確実だと判断しました。我ながらいい判断だったと思う（笑）。最後のゴールはおまけかな。相手のモチベーションも高かったから点差が開くまでは厳しい展開が続いたけど、結果的に最後は楽な展開になって、ある程度余裕を持って楽しめていたから決められたゴール。おかげで気持ち良く試合を終えられて、2010年の最高のスタートになった」

2010年はワールドカップ・南アフリカ大会が開催される年。前回大会はメンバーに選ばれながら出場できずに終えた彼にとって、日本代表に選出されるだけではなく、その中心で戦うことを目指すシーズンだった。そこに向けて「最高のスタート」ということなのだろうか。一応尋ねてみた。

「ワールドカップが開催される年は、サッカー界への注目度が何かと高くなる。それはすごくいいことだと思うけど、個人的には特別な思いはない。それはワールドカップが近づいても変わらないと思う。僕は僕でしかないし、どれだけいいプレーをしたいと願っても自分が持つ以上の力は出せない。もちろん、そこに向かう過程では最大限の努力はするけど、やるだけのことをやったら力んでも仕方がない。そもそもサッカーは個人の頑張りでなんとかなるものじゃなくて、チームで戦えてこそ結果を出せるもの。だから変に力む必要もないし意気込むこともない。いいスタートが切れたと言ったのは…ほら、一年の計は元旦にありって言うから（笑）。これからオフが楽しみです」

やはり、いつもの遠藤だった。

2011年

10年続いた西野ガンバが終幕

「得点を奪うことを究極に求め、実践してくれる選手がいたからこその10年」
——西野朗

3位で迎えたJ1リーグ最終節・清水エスパルス戦。ガンバは他力ながら優勝の可能性を残していた。逆転優勝の条件は『ガンバが勝ち、首位の柏レイソル、2位の名古屋グランパスが引き分け以下に終わること』。つまり、目標は勝つことだけに絞られた。すでに西野朗監督の退任が発表されていた中でこの試合を迎えることも、選手たちに特別な思いを宿した。逆転優勝が実現すれば、2008年以来となるクラブワールドカップの戦いが待ち受けるが、そうでなければ『西野ガンバ』としてのラストマッチになる。それぞれの胸にある思いは、4戦負けなしという終盤戦の粘りにも表れていた。

「最後、勝ってどうなるか。自分たちが勝たなければ何も起きないので、とにかくこの試合にすべてを出せるようにしたい」（山口智）

「勝ち点3を取らなければ優勝もない、というわかりやすい状況。気負いすぎずいい準備をして、清水をしっかりリスペクトしながら90分間全力を尽くしたい」（遠藤保仁）

どんな決戦前にも決して特別な空気を漂わせることがないガンバゆえ、前日練習も和やかな空気で行われた。唯一、いつもと違ったのは中澤聡太に誘われて西野がミニゲームに加わったこと。

「邪魔しないようにと思ったけど…邪魔したかな」

囲み取材では報道陣を笑わせたが、試合について尋ねると表情を引き締めた。

「あくまでリーグ戦のラストゲーム。今はとにかく勝って、またここに戻ってきたい。その可能性を明日の試合で追求しながら、とにかくガンバらしい試合をしたい」

その言葉通り、ガンバらしく躍動した。開始早々に先制点こそ許したが、前半32分にイ・グノのゴールで同点に追いつくと、前半39分にも再びグノ。二川孝広のCKを頭で合わせ逆転に成功すると、後半も手を緩めない。痛み止めを打って強行出場をしていた遠藤を中心に、最後まで「らしく」ボールを動かし、後半7分には西野によって背番号10を与えられ、西野ガンバのど真ん中で戦い続けた二川がとどめの追加点で突き放す。このゴールで総得点はリーグトップの78を刻んだ。

もっとも試合後、チームに笑顔はなかった。優勝を争っていた柏も、名古屋も勝利したからだ。勝ったあとに嬉しくて泣くイレブンの姿は2005年に見たが、勝ったにもかかわらず悔しくて泣く姿を見たのはこのときが初めて。その選手一人ひとりに近づいて握手を求めた西野は、そのままロッカーに下がろうとしたが、選手に捕まえられ4度、宙を舞った。

「危ないからやめてくれと言ったんですが…。上がっちゃってからは早く下ろしてくれ、と思いつつ…この胴上げに参加していないのは誰かなって考えていました（笑）。こういう（退任の）タイミングに胴上げされたことはなかったので、本心としては嬉しかったです」

選手への感謝も忘れなかった。

「いいゲームをして、結果も出して、それでもロッカールームは静まり返っていて、みんなが放心状態で。こういう雰囲気は初めてでしたが、これもリーグ戦の宿命だと思います。選手が本当に最後まで攻撃的なサッカーをやりきってくれたのはとても嬉しい。最終戦はポイントが違う中でスタートし、この状況でやりきる、戦いきるという目標は、しっかり全員で達成してくれた。最後まで貪欲に点を取りにいく姿勢を失わなかったのも素晴らしいなと思って見ていました。今はまだ個別に話していませんが、僕から言うことがあるとするなら、ありがとう。その言葉しか出てきません」

また、ガンバでの10年間にも思いを馳せた。

「10年と一口に言っても、いろんなことがあって記憶が薄れている時期もあるので、このタイミングで言葉にするのは難しいです。ただ、本当に僕は選手に恵まれました。攻撃サッカーと口で言うのは簡単ですが、毎シーズン、選手が入れ替わりながらも、全員がそこを求めてくれたから『ガンバのスタイル』と呼べるものが形になった。僕が思う以上に選手のレベルが高くて、それぞれの時代で、それぞれの選手が自分のイマジネーションを存分に発揮してくれて今のスタイルが出来上がった。

ただ、10年やってJリーグを一度しか取れなかったのは…自分に対してもっと成果を出せたんじゃないかと感じています。自分がここで何かを残したとか、成功したとはまったく思っていない。ガンバにはそういうタレントがいて、攻撃的な能力をパフォーマンスとして発揮してくれる選手がいたことということだと思います。攻撃陣だけではなく、守備陣でも例えば、山口智のようにビルドアップに長けた選手がいたことも含めて、本当に個々のタレントが土台になって、それに合わせてクラブが的確に補強をしてくれた。

見ていて面白い、やっていて楽しい、得点をたくさん奪うことを究極に求めて、実践してくれる選手がいたからこその10年でした」

初めての関西、大阪での生活についても愛着を見せた。監督に就任したばかりの頃は「どことなく関西人への苦手意識もあった」と明かしたが、いつしか西野の言葉には冗談が増え、関西弁が混ざるようになっていた。

「住み始めてしばらくして顔見知りになった近所の方が『たくさん作ったから』と家のポストに煮物を入れておいてくれて…そうした関西人ならではの思いやりというのかな、いい意味でズケズケと相手の懐に入っていくような温もりに触れるうちに、いつしかそれに病みつきになっている自分がいた。おかげで関西弁も自然と口をつくようにもなり…そう考えると、僕自身もこの土地にいろいろと変えてもらったし、10年という時間の中で大阪の『お』の字くらいは理解できた気がしています」

その翌日、解団式を終え、いよいよ最後の取材に応じた際も西野節を炸裂させた。

「心残りはフタ（二川）が結婚しなかったことだけ。結婚したら人間的にもっと成長するだろうと思って縁談の話も持ちかけたのに、断ってきたよ（笑）」

涙はない。むしろ、やりきったという充実感をにじませた。

ぴん
ぴん

2012年

3年ぶりの古巣復帰に秘めた覚悟

「自分を示せなければ、二度とガンバのユニフォームは着られない」

倉田秋

当時、期限付き移籍でチームを離れた選手はそのまま完全移籍となるケースが多かった中で、倉田秋の3年ぶりのガンバ復帰は、クラブの彼への期待をうかがわせるものだった。

ジュニアユースからの生え抜きである倉田がトップチームに昇格したのが2007年。そこから3年間在籍したものの思うように結果を残せず、危機感を募らせて一度チームを離れた。2010年のことだ。

「何かを変えなあかん。このままだとサッカー人生が終わってしまう」

行き先がJ2リーグのジェフユナイテッド千葉であることはまったく気にならなかったという。まずは自分のスタイルを取り戻し、公式戦のピッチで輝くことが先決だと考えた。

「ガンバでの最初の3年はボランチでプレーすることが多かったけど、千葉に行ってサイドハーフに据えられたことで、ユース時代に身につけたドリブルの感覚を取り戻せた気もしたし、何より気持ちの部分でがんじがらめになっていた息苦しさから解放された。久しぶりにサッカーをしているという実感が持てて、めちゃ楽しかった」

途中出場ながらリーグ開幕戦で初ゴールを刻めたことも自信になったのかもしれない。第4節のザスパ草津（現ザスパクサツ群馬）戦で初先発を飾ると、以降はスタメンに定着。シーズンが終わってみれば29試合8得点と、チームで2番目に多いゴール数を残した。その活躍が評価され、２０１１年は期限付き移籍でセレッソ大阪へ。

「まさか自分がセレッソのユニフォームを着るとは思っていなかったけど、今は求められるチームでしっかり結果を残して自分を成長させることが先決だと思った」

その覚悟のもとにガンバとのＪ１リーグ開幕戦に先発すると、またも初戦で移籍後初ゴールを奪う。前線には清武弘嗣、乾貴士といった顔ぶれが揃う中で、ポジションを掴むには結果が必要だという思いも強かったのだろう。与えられた時間の中で存在感を示すと、この年は33試合10得点とチーム最多タイのゴール数で覚醒する。その翌年、ガンバへの復帰が決まった。

「去年、ガンバと対戦したときに正直、めちゃ強いって思ったんです。ガンバ時代の紅白戦では『それなりにやれるわ』という手応えもあったのに、公式戦のガンバはまた別物で…。ＡＣＬでは勝つこともできたけど、とにかくパス回しもしっかりしているし、チームがまったく崩れない感じもあって、試合の中でどんどん消耗させられていくのがめちゃしんどかった。それを体感していただけに、自分がその競争に割って入れるのかを含めて、めちゃめちゃ悩みました。でも、一方でガンバでの最初の3年があまりにも悔しすぎたというか。期限付き移籍でチームを離れているときもずっとその思いが心の奥底にあったので、それを払拭するにはガンバで結果を残すしかないと思っていました」

経験豊富な選手が揃うガンバで、試合に出られる保証は何一つなかったが、2年間で積み上げた自信が倉田に覚悟を決めさせた。

「最初の3年とは違う自分を絶対に見せてやると思っていたし、逆にここで自分を示せなければ二度とガンバのユニフォームは着られないと思っていました」

生え抜きとして長くガンバの歴史を見てきた中で、愛着だけで在籍できるクラブではないと重々理解していたからこそ、青黒のユニフォームに袖を通すのは最後のチャンスだと決意をにじませた。

任されたのは以前の在籍時とは違うサイドハーフ。パスサッカーの中でも持ち味であるドリブルを決して封じ込めなかったのは、2年間の期限付き移籍で自分を示すことの必要性を学んだから。残念ながらこの年、ガンバはリーグ最多得点を記録しながらＪ２降格になったが、倉田が背水の陣ともいうべき復帰イヤーで残した31試合7得点という数字は、強い覚悟の表れだった。

2012年

狂った歯車。クラブ史上初のJ2降格

「1年をかけても降格圏を抜け出せる力を備えられなかった」

――遠藤保仁

J1リーグ第34節・ジュビロ磐田戦。ガンバは自力でのJ1残留の可能性が消滅した状況で最終節を迎えていた。第29節の川崎フロンターレ戦以降、負けなしの戦いは続けていたものの、前節のホーム最終節・FC東京戦は終盤に追いつかれて2―2。シーズン11試合目の「引き分け」は勝ちきれないシーズンを象徴するようだった。

それでも、諦めるわけにはいかない。誰もがその強い決意とともに12月1日、ヤマハスタジアムに乗り込んだ。10月末のサンフレッチェ広島戦で左膝前十字靭帯を損傷し、シーズン中の復帰は絶望視されていた右サイドバック、加地亮もぶっつけ本番の強行出場に意欲を見せた。

「使ってもらえるなら、全力でチームのために戦う」

その覚悟に仲間も続く。遠征バスに乗り込む前には、それぞれが決意を口にし、大阪に残るスタッフ、選手に見送られてクラブハウスをあとにした。

「これまで、たくさんの人が汗を流して、ガンバの歴史をつないできてくれた。明日の試合はそういう人たちの思いも背負って戦いたい」（中澤聡太）

「とにかく全員が持っている力をチームのために出しきること。自分のプレーがどうこうというより、ときに相手を崩すための強引な仕掛けなど、勝利のために必要な選択をしていきたい。何がなんでも勝つという気持ちを持って立ち向かいます」（倉田秋）

「ガンバは攻撃が強みのチーム。ただ、先に失点してしまったらどうしても自分たちの流れに持っていきにくくなるところも出てくるので。時間帯に応じて攻めるのか守るのか、チームとして意思統一しながら積極的に戦いたい。みんなの気持ちは一つになっている。自分たちの力を出しきるだけ」（明神智和）

たとえ勝利を挙げたとしても、他会場の結果次第では残留が叶わない。それでも、勝てば何かが起きる。そう信じてキックオフを迎えた。

ところが、思いとは裏腹に立ち上がりから苦しい展開を強いられた。奇しくも、磐田を率いるのは元ガンバの森下仁志監督。センターバックにはアカデミー出身の菅沼駿哉もいる。8試合未勝利と苦戦を強いられていた彼らもまた、ホーム最終戦に懸ける思いは強かった。

その勢いにも押されてガンバは開始5分で磐田のエース、前田遼一に先制点を許してしまう。その後もちぐはぐさは否めず、パスがつながらない。倉田が挙げた同点ゴールで息を吹き返した後半はガンバらしい攻撃を仕掛けたが、前がかりになった展開の中で後半40分に再び失点し、1－2で敗戦。残留を争っていたヴィッセル神戸も敗れたため勝てば残留できたが、自分たちでその道を閉ざし、クラブ史上初のJ2降格が現実になった。

試合後、ガンバ愛の強い菅沼が見せた複雑な表情が脳裏に焼きついている。

「ガンバはきっと1年でJ1に戻ってくると信じています」

その菅沼の横をたくさんの報道陣を引き連れてゆっくりと通り過ぎた遠藤保仁は、淡々とシーズンを振り返った。

「J1クラブで一番たくさん点は取りましたけど、失点もワースト2位を数えた。サッカーは攻めてなんぼだと思っているので、前がかりになりすぎたとは思っていませんが、今日の立ち上がりも含めて、やられてはいけない場面で失点をするとか、自分たちの戦

G大阪
1-0
BIO-TEC IWATA
磐田化

いを苦しくするような失点が多かった。リーグ戦は1年を戦っての結果。1年をかけても僕らは降格圏を抜け出せるだけの力を備えられなかったということ。その事実と責任を真摯に受け止めるしかない。来シーズン？　残りますよ。僕、２０１４年まで契約が残っているので」

10年に及んだ西野体制が終わり、セホーン監督、呂比須ワグナー・コーチのもとでスタートを切った２０１２年シーズン。当初、新監督として白羽の矢を立てた呂比須の持つ指導者ライセンスが、日本サッカー協会が定めるS級ライセンスに相当していなかったというドタバタ劇も含め、シーズン前からクラブは揺れた。キャンプを含めた準備期間でも新生ガンバの形は見えず、開幕から公式戦5連敗を喫した時点で監督交代。松波正信コーチを新監督に据えて再起を試みたが、最後まで下位から浮上できなかった。

9勝11分14敗。勝ち点38。得失点差＋2（得点67、失点65）。その数字が示す通り、また先の遠藤の言葉にもあるように、攻撃力は例年にも引けを取らない勢いを示したが、最後までそれが勝ちきる力にはつながらなかった。なお、得失点差がプラスのチームが降格したのは、Jリーグ史上初めてだった。

第6章

日はまた昇る

2012年

受け継がれる背番号

「5番を背負って活躍することで、恩返しをしたいという思いもあった」

――丹羽大輝

歴史を重ねることで重みを増した特別な背番号がある。

5番。守備のリーダーたちが背負ってきた番号は、その時々で獲得したタイトルの歴史とともに際立ち、受け継がれてきた。

そのことをあらためて実感したのが、2012年に6年ぶりにガンバに復帰した丹羽大輝の言葉だ。

「知っての通り『5』はガンバの歴史に名を刻んだ偉大な選手たちが付けてきた背番号です。Jリーグ初優勝を実現した2005年はツネさん（宮本恒靖）が、ナビスコカップ初制覇の2007年はシジクレイが、そしてACL制覇や天皇杯優勝を実現した2008年以降は智さん（山口智）が背負ってきました。印象深いのは、僕がプロ2年目に経験したJリーグ初制覇です。優勝が見え始めたシーズン終盤、ツネさんは10月末に右膝を痛め、年内の復帰は絶望的とみられていましたが、2週間後には戦列復帰をして…チームメイトも驚いたその姿にタイトルへの思い、サッカー選手としてのプライド、決意を感じ取りました。

最終節の川崎フロンターレ戦も脳裏に焼きついています。先制して追いつかれたあとのツネさんの逆転ゴール。胸のエンブレムを叩き、サポーターのもとに駆け寄って拳を突き上げた姿。そして試合後、ツネさんが流した大粒の涙も。そのツネさんのあとに『5』を背負ったシジや智さんが示した圧倒的な存在感、守備のリーダーとしてチームを牽引する姿もずっと見てきました。僕は2007年の徳島ヴォルティスに始まって、2008年から大宮アルディージャ、アビスパ福岡に在籍していましたが、同じセンターバックとして尊敬するガンバの先輩たちの姿からは単に刺激を受けるだけではなく、たくさんのことを学ばせてもらいました。だからこそ、2012年に6年ぶりにガンバに復帰することが決まり、『5』を託されたときは熱い思いがこみ上げました。志願して背負うことを決めたものの、その重みを感じればこそ、『5』の歴史を汚すことにならないのか、などといろんな感情が渦巻きました」

ただ丹羽はそのとき、自分に課さなければいけない責任だとも感じていたという。宮本が背負って以来、アカデミー出身者が『5』を背負っていなかったことが理由だった。

「智さんやシジの圧倒的な存在感を見てきたからこそ、簡単に背負えなかったのかもしれないですが、いずれにしてもアカデミーの後輩として、その一期生であるツネさんが切り拓き、ガンバに残してくれた歴史をしっかり受け継がなければいけない、受け継ぎたいという思いは強かった。5番を背負って活躍することで、アカデミー時代に育ててもらい、トップで活躍できなかった僕との契約を延長しながら5年間も期限付き移籍をさせてくださったクラブに恩返しをしたいという思いもありました。

アカデミーからはこれまでたくさんの素晴らしい選手が輩出され、トップチームでも活躍してきました。ですが注目を集めたのはどちらかというと攻撃の選手ばかりで…ガンバのアカデミーは守備でもチームの中心になれる選手を輩出しているんだということを自分の力で証明したいと思っています」

だからこそ2012年のJ2降格に「とてつもない悔しさ」を感じ、2014年の三冠には格別の喜びを感じた。

「ようやく、5番にふさわしい選手になれた」

丹羽自身が「自分でも引くくらい泣いてしまった」と振り返る、2014年のJ1リーグ最終節・徳島戦で流した嬉し涙には、そんな思いも含まれていた。そのときコーチを務めていたかつての背番号5、シジクレイが丹羽のもとに駆け寄って抱きしめ、その背中を何度も叩いた姿も印象的だ。

「彼が手本としてきたツネの背番号5を僕や智が受け継ぎ、今は大輝が背負っている。それぞれに歴史はありますが、間違いなく今の『5』は大輝の番号だということを伝えたかった」（シジクレイ）

丹羽はその後、2015年に29歳にして初の日本代表に選出される。アカデミー出身選手のセンターバックとしては宮本以来となる日本代表選出だ。それによって、さらに重みを備えたその番号は現在、キャプテンとしてチームを牽引する三浦弦太に受け継がれている。

2013年

『ガンバ特需』と騒がれた初めてのJ2リーグ

「偶然ではなく、必然で点を取れるチームを作りたい」

――長谷川健太

遠藤保仁と今野泰幸の日本代表コンビを筆頭に、加地亮、二川孝広、明神智和、藤ヶ谷陽介ら、2005年から始まったタイトルの歴史を主軸として戦った顔ぶれがほとんど残留した中で、ガンバにとって初めてのJ2リーグを戦う2013年は幕を開けた。

新監督に就任したのは長谷川健太。2010年以来、3年ぶりにJリーグの舞台に戻ってきた長谷川は、J2降格が決まったあとのオファーを二つ返事で引き受けたという。

「監督という仕事は自分がどれだけやりたいと願っても、クラブから必要とされなければできない。また僕自身も、どのクラブの監督でもいいということでもない。戦う舞台に関係なく、自分なりにやりがいの感じられるチームで指揮を執りたいという気持ちでいた中で、ガンバからオファーをいただいた。ガンバは清水エスパルスの監督をしていた時代から常にリスペクトしていたチームの一つ。素晴らしい選手も揃っており、純粋にこのクラブで仕事をしてみたいと思いました」

とはいえ、特別な準備はしなかった。

「選手の性格や個性の部分について多くの情報を入れ過ぎると、最初からいろんなことを色眼鏡で見てしまうから」

日本代表クラスの名だたる選手を揃えるガンバにあっても、「若手もベテランも関係ない。横一線からのスタート」と強調した。

その中で、最初に着手したのは守備だ。J2降格の理由に『チームとしての守備力』を挙げた指揮官は、シーズン前のキャンプからミーティングやトレーニングの中で戦術を落とし込み、共通理解を求めた。

「まずは守備、攻撃の両面でチームの軸を作りたい。それがベースとして確立されれば、個々の選手がイマジネーションを持ってプレーするのは大歓迎」

一方、攻撃においては「偶然ではなく、必然で点を取れるチーム」への変貌を促した。

「ガンバのスタイルは？　と尋ねたら、誰もが攻撃サッカーと答えると思う。実際、パスワークや連動性のクオリティーも高く評価されている。でも『ガンバが得点を奪うための必殺の武器は？』と尋ねたら、きっと誰もが言い淀む。2012年のサンフレッチェ広島なら、青山敏弘がボールを持ったら佐藤寿人が走り出し、そこに長いパスが通って佐藤が決めるとか。名古屋グランパスならケネディや田中マルクス闘莉王といった高さのある選手がいて、サイドからそこに合わせるとか、セカンドボールを拾ったところから攻撃が始まるとか。そういう『これで得点を奪うんだ』という必殺の武器を備えたい。

それがあればJ2リーグでも、引いた相手を崩しきれないという現象は起きないはずだから。ヤット（遠藤）やフタ（二川）からスルーパスが出て、誰かが走り込むのか。パスを受けたアキ（家長昭博）や秋（倉田）がドリブルでぶっちぎるのか。そういった明確に言葉で表現できる必殺の武器を2つ、3つ作っておきたい。それを備えられれば、攻撃スタイルを持ち味とするだけではなく、得点を必ず取りきれるチームになる」

そうして初めてのJ2リーグに臨んだガンバだったが、開幕の京都サンガF.C.戦を3−3の引き分けでスタートしたのを含め、序盤はJ2の洗礼に苦しんだ。

「もっとべったり引いて守ってくるのかと思っていたら、恐れずにアグレッシブな戦いをしてくるチームが多い。それに対してどこか戸惑いながらサッカーをして、気がついたら90分が終わっていたという試合が多かった。加えて、健太さんの新しい戦術を今一つ自分たちがものにしきれていなかったのも苦戦を強いられた要因だと思う。チームとしての約束事が増えた中でそれをピッチでスムーズに体現できなかった」

そう振り返ったのは加地亮だ。頭では理解していても、それがプレーとリンクしていかないことも多く、長谷川が求める『攻守の連動』とは程遠い試合がしばらく続いた。加えて、『対ガンバ』に対する相手チームの気迫も、後押しする各クラブのサポーターの熱気もものすごく、その勢いに圧倒されたまま試合を終えることも多かった。事実、日本代表の主軸で活躍する遠藤や今野をはじめとする選手人気もあって、アウェー戦では行く先々でスタジアムが満員に。『ガンバ特需』と言われるほど各地のスタジアムで最多入場者数の更新が相次いだ。

そうした状況の中、長谷川イズムの浸透とともにようやく結果が出始めたのは5月に入ってからだ。降格組同士の対決となった第13節・ヴィッセル神戸戦で完封負けを喫したことがチームに危機感を備えさせ、第14節以降は6連勝を含む9戦負けなし。第16節で初めて首位に躍り出ると、チームの成熟とともに結果も安定し始め、遠藤や今野が日本代表でチームを離れても、揺るぎない強さを示した。加えて、海外でプレーしていた宇佐美貴史の復帰も大きい。夏にレアンドロと家長がチームを去ったことで不安視された得点力は、宇佐美によって十分に補われ、チームは躍進を続けた。

「今年のガンバに感じた変化は、泥臭さ。美しくパスをつないでゴールを狙うだけでは勝ちきれなくなっていた中で、今年は球際の激しさにしても、プレッシャーのかけ方にしても、チームとして泥臭く戦えるようになった」（倉田）

もっとも、シーズン後半には初めての2連敗を喫し首位陥落も味わったが、第37節から5連勝と再び勢いづいて首位を捉えると、第40節・京都戦での勝利でJ1昇格の条件となる『2位以内』が確定。続く第41節・モンテディオ山形戦でJ2優勝を決めた。このホーム最終戦は、代表活動のため遠藤、今野の2枚看板を欠いた戦いになったが、彼らの不在をものともせず3－2で勝ちきった。

シーズン終了後、この年にチームで3番目に多い38試合に出場した加地は、思い出に残るシーンとして第31節の横浜FC戦を挙げている。

「立ち上がりに僕のミスで失点して…ハーフタイムに健太さんにめちゃめちゃ怒られた。それまでの試合の流れからも入りが大事だと言われていた矢先のミスに『お前がそんなプレーをしていいのかよ！』と。だから『わかってるわ！　やってもうたんやから仕方ないやろ！』…と心の中で叫びながら、『すいません』と素直に謝った（笑）」

思えば、監督就任にあたって「ベテランも若手も関係ない」と明言していた長谷川。この件に代表されるように、若手やベテラン、キャリアに関係なく選手と向き合い、真っ向からぶつかり続けた指揮官の姿勢がチーム内にいい競争をもたらし、その中から西野貴治や内田達也といった若手が台頭したことも、厳しいJ2リーグを戦い抜く力になったと言っていい。また、得点はJ2リーグ史上最多となる99得点を数えた一方で、失点をリーグ3位タイの少なさである46にとどめたことも、だ。

復帰後、18試合19得点と驚異の数字を残して昇格の立役者になった宇佐美の言葉も印象的だった。

「僕がガンバからパワーをもらったシーズン。子どもの頃から大好きだった青黒のユニフォームを着て戦うという原点に戻れたことで、自分を取り戻すことができた」

さあ、J1へ。

2013年

「J2、獲ったぞ〜！」

副キャプテンが果たした大役

――加地亮

ガンバが初めてのJ2リーグを戦った2013年。長谷川健太監督からプロになって初めてキャプテンを任された遠藤保仁は、そのサポート役となる副キャプテンに加地亮、倉田秋を指名した。

長谷川監督から「ヤットが中心になってチームを牽引していく上で、一緒にチームの軸を作りやすい選手を決めてくれ」と託された中での指名。加地自身は「人生初の大役ですけど、特別なことは何もできないのでこれまで通り…笑いをバンバン取っていきます」と本意を隠したが、J2リーグは日本代表戦の日程に関係なくシーズンが進むため、ときにキャプテン不在の戦いを強いられることは理解していたはず。事実、遠藤の不在時はキャプテンマークを腕に巻いてチームの先頭に立ったことも。開幕前の練習試合で右足首を痛めてやや出遅れたものの、第4節で先発に返り咲いてからはほとんどの試合で先発出場を果たし、タフなシーズンを主軸として戦いきった。

日本代表の遠藤と今野泰幸が不在の中で戦ったホーム最終戦で勝利し、J2優勝を決めたあとのスピーチも印象的だ。ピッチを離れたファン感謝デーなどでは率先してマイクの前に立ってきた加地だが、ユニフォームをまとって挨拶の場に立ったのはガンバでの8年のキャリアにおいて初めてのことだった。

「J2優勝という結果で、皆さんの前で挨拶できるのはすごく喜ばしいこと。皆さんに感謝したいと思います。J2優勝、長かったですね〜。皆さんも本当に長い1年だったと思います。僕たちも本当に苦しいシーズンでした…感想です（笑）。また来年はJ1という舞台でしっかり優勝を目指して頑張りますので、皆さんも温かい応援をよろしくお願いします」

いつもの加地らしくゆっくりと言葉をつなぎ、でも、それがやや噛んでしまったことでチームメイトやスタンドの笑いを誘う。そうしてファン感さながらにサポーターを笑顔にすると、最後は「J2、獲ったぞ〜！」と高らかに声を張り上げた。

思えば、2006年にFC東京から加入した際は、どちらかというと「隙のない真面目な選手」という印象だった。チームと日本代表を行き来しながら、徹底した自己管理のもとで体を作り上げ、目の前の1試合に全力を注ぐ。後年に見られるような、冗談で周りを笑わせたり、盛り上げ役になることもなかった。

「チームにも慣れなあかんし、獲得してもらったことに対する結果も意識していたし、日本代表としてもワールドカップイヤーだということが頭にあって…もっと言えば、プライベートでも子どもが生まれて、正直、自分のことで精一杯。周りのことを気にかける余裕もなかった」

2003年10月に初めて日本代表に選出されて以降、不動の右サイドバックとして定着していた加地にとって、2006年はサッカー選手として正念場のシーズン。ワールドカップイヤーに新天地を求めるというチャレンジを決断した彼がどれほど大きなプレッシャーと戦っていたのかは想像に難くない。ましてやガンバが前年のJリーグチャンピオンとなれば、なおさらだ。

「加入した年から試合に出してもらっていたけど正直、ガンバのサッカーに入っていけるようになるまでにはかなりの時間を要しました。当時のガンバにはヤット（遠藤）やフタ（二川孝広）、ミョウさん（明神智和）やハッシー（橋本英郎）ら、センスの塊みたいな選手が集まっていましたからね。最後の最後でプレーを変えられる落ち着き、相手のプレッシャーにも動じず、ブレずにプレーを貫ける余裕みたいなものを培わないと、ガンバのサッカーには一生入っていけないと思い、とにかくそれらを身につけようと必死だった。またタイトルを獲って当たり前という空気も、最初はほんまにしんどくて…加入して5年くらい経つまで、まったく余裕なくサッカーをしていました」

それもあってだろう。加地は「自分が壊れてしまう前に」と2008年5月に日本代表からの引退を決意する。サッカーに対する欲を継続しながらガンバでの戦いに専念したいというのが理由だった。

「本当の意味でガンバの一員になりたいという思いと、日本代表という異次元のプレッシャーとの間でアップアップの状態で、途中から自分がサッカーをしている意味さえわからなくなってしまった。このままいくと、ガンバに来てより強くなっていた『もっとうまくなりたい』という欲さえ保てなくなってしまう。それならチームでのプレーに集中しようと決めました」

実際、加地に心の余裕が見られるようになったのもこの頃からだ。2008年に初めてアジアチャンピオンに輝いた経験も自信になった。

「2010年の前後くらいから、ようやくガンバの一員としてプレーできている感覚を持てるようになったし、その頃が本当に一番純粋にサッカーを楽しめていました。もちろん、タイトルへのプレッシャーはありましたが、それを自分のマインドが上回れるようになったことで、プレーにも気持ちにも余裕が生まれるようになった」

取材のたびに「1対1の状況になっても絶対に抜かれない自信がある。試合中も『こっちに来い』って思っています」という強気な発言を聞くようになったのも、この時期だった。

「ディフェンダーって受け身のポジションやけど、今の自分は完全に気持ちの部分で相手より上に立てている。どんな選手を相手にしても『来れるもんなら来てみろよ』と思えている時点で、対峙するより前にアドバンテージを自分の中に作れている気がする」

大きな自信を備えたプレーはチームでの圧倒的な存在感に変わり、ガンバの右サイドバックはより輝きを強くする。加えてベテランと呼ばれる立場になるにつれ、チーム内での立ち位置、役回りを考えるようになったことから盛り上げ役を買って出ることも増えた。

「自分が楽しんでいるだけですよ」

本人は謙遜していたが、『すべり芸』と愛されたファン感での体を張ったパフォーマンスも、サポーターに示した愛情の数々も、その時々でチームやサポーターを和ませ、年齢差のある選手をつなぐ潤滑油となった。と同時に、徹底的な自己管理によってピッチで示し続けるそのパフォーマンスが、その背中が、どれだけチームに影響を与えるものだったのかは言うまでもない。

事実、2014年6月に自身初の海外、チーバスUSA（アメリカ）への移籍を決断したときは多くのサポーター、チームメイトが別れを惜しんだ。それに対して加地も選手だけで開かれた送別会の挨拶では何度も感極まり、涙を流して仲間に感謝を伝えたという。しかも、その場では言葉に変えられなかったからと加地は帰宅後、選手、スタッフの一人ひとりに手紙をしたためたと聞く。プレーヤーとしても、一人の人間としても深く愛された姿は、その手紙を受け取ったチームメイトの言葉からも見て取れた。先輩後輩に関係なくイジられまくる加地の姿を想像しながら読んでほしい。

「手紙の最後に『ガンバを頼む』って書いてあったけど…他の選手がしっかり頑張ってくれると思います。最近になって一回だけ一緒にゴルフができていい思い出になりました」（二川）

「送別会でしゃくりあげるように泣き始めて…最初は冗談と思っていたら途中でガチだ

と気づき、でもその泣きっぷりが衝撃すぎてもらい泣きもできませんでした（笑）。しかも、お酒が入っていたせいで途中から同じことばかり繰り返していたので…手紙をもらってようやく加地さんの言いたいことがわかりました（笑）」（倉田）

「手紙の冒頭にまず、『ファン感、ごめんなさい』と書いてありました。今年もずっと一緒にファン感の企画を練ってきただけに、成し遂げられなくて無念です。加地さんが抜けた穴は非常に大きい。練習や試合以上にファン感で、です。普段はもう少し面白いのに、なぜ大舞台ほど滑るのか…あの姿を見れなくなるのが寂しい」（木村敦志）

愛すべき男、加地亮からサポーターへと託されたラストメッセージもウィットに富んでいた。

「一度しか言わないからよく聞いてよ…。Thank you so much！…アメリカに行くんやから、そこは英語でしょ」

加地らしいサヨナラ、だった。

OSAKA
BIG THANKS
umbro

2014年

「戦い方を変えるのではなく、精度をいかに高められるかを考えた」
――長谷川健太

代表組不在の岡山キャンプで育んだ自信

「新生ガンバをお見せしますという話をしていたのに、中断前はどうなることかと…ヤバいなと。ただ、そこから選手たちがよく頑張ってくれました」

シーズン終了後の長谷川健太監督の言葉が物語るように、J1復帰を果たした2014年は序盤から困難を極めた。エースの宇佐美貴史が開幕直前に怪我を負ったことも影響し、リーグ開幕6試合の成績は1勝2分け3敗の16位。降格圏に沈む中、「きっかけになれば」と臨んだ第7節の大阪ダービーも、一度は逆転に成功したにもかかわらず、フォルランの度肝を抜くFKで同点に追いつかれて勝ちきれない。続く第8節・大宮アルディージャ戦も後半38分に先制するも4分後に失点。最後は今野泰幸の劇的な決勝ゴールで6試合ぶりの白星を掴んだものの、その後は再び3連敗を喫したとなれば、起爆剤にはならなかったと言わざるを得ない。

「せっかく先制したのに僕が入ってから失点してしまったので、これで勝てなければ舌を噛んで死のうかと思いました」（今野）

大宮戦後、冗談とも取れない表情で今野が話していた言葉に、当時のチーム状況がうかがえる。その後も勢いは戻らず、ワールドカップ・ブラジル大会開催による中断前最後の試合、第14節・FC東京戦に敗れたガンバは再び16位に転落。リーグ再開までの約2カ月間を降格圏で過ごすことになる。もはやシーズン前に掲げられたタイトルという目標は実現不可能に思われた。

もっとも、長谷川に路線変更の考えはなく、選手たちに求めたのは継続だった。ワールドカップ出場のため遠藤保仁、今野が不在で行われた夏の岡山キャンプでも、新たな戦術ではなく、前年から敷いてきた戦い方の徹底を求めた。

「3月は攻撃に枚数をかけるより、守備に比重を置いてスタートしましたが、勝ち点を積み上げるには攻撃力が必要だと思い、4月から徐々に攻撃に比重が乗るようにシフトチェンジをした。それでも最初はうまくいかなかったですが、ヤット（遠藤）をボランチに据えることでゲームコントロールがうまくいき始め…でも守備とのバランスはまだまだ、という感じでした。ただ、16位で中断したとはいえ、攻撃でもチャンスは作れるようになっていたし、内容は右肩上がりだという手応えもありました。なので中断期間も『戦い方は変えない。精度をいかに高めていけるかを考えよう』と選手に伝え、細部を一つずつ突き詰めていきました。選手もそれを理解してトレーニングに臨んでくれたし、だから再開後にいいスタートを切れたんだと思っています」（長谷川）

加えて、中断期間前は1ゴールにとどまっていた宇佐美と、夏に獲得した新戦力のパトリックが早々にフィットし、相性の良さを示したのも大きい。

「16位という状況を招いたのは自分たち。特に攻撃の部分は、総得点14を見てもガンバらしくなかったと言わざるを得ない。攻撃の回数、時間が増えれば単純に守備の時間が減り、失点のリスクが減る。そう考えても、後半戦は監督からも言われている『しっかりとボールを動かす』『ショートカウンターを狙う』『決定機を確実に決める』ことを体現して流れを引き寄せたい。よく選手を一人代えたくらいでサッカーは変わらないと言いますが、一人で変えられる余地があるのもサッカー。少なくとも僕は変えられる自信があるし、それができなければ自分の存在価値はない」（宇佐美）

キャンプ中に決意を語っていた宇佐美は、リーグ再開初戦でゴールを奪うと、その後もパトリックとともにゴールを量産。最初の5試合で2人合わせて8得点を挙げ、5連勝の立役者となる。これに伴い順位を5位まで上げると、第22節・アルビレックス新潟戦からは圧巻の7連勝。順位の近い相手やサガン鳥栖、鹿島アントラーズといった上位を争うライバルをことごとく倒して2位に浮上した。そこには、シーズン序盤に見たガンバの姿はなかった。

2014年

三冠を引き寄せたナビスコカップ決勝の逆転劇

「サッカーの難しさも仲間と戦う喜びも、全部一度に味わえた」

岩下敬輔

ナビスコカップ決勝の前日。埼玉スタジアムで調整を行ったガンバに特別な気負いはなかった。リーグ戦で逆転優勝を狙える位置につけていたことも、選手たちの気持ちを軽くしていたのかもしれない。

「自分たちの練習場ではなく、前日から埼スタでトレーニングをする時点で、決勝なんだなと。いい感じで緊張感も高まってきたし、いい試合をしたい。決勝だからといって力を入れすぎて、やらなくちゃいけないって思うときっと空回る（笑）。僕らのサッカーだけに集中していつも通りのプレーができればいい。今年のナビスコは予選からチーム全員が試合に絡みながら全員で勝ち上がってきた。決勝の舞台もメンバーに入れなかった選手も含め、みんなの力を一つにして戦いたい」（今野泰幸）

「気負いすぎてもいい方向にはいかない。楽しむくらいの感覚でいつも通りに試合をできればと思っています。ただ、一発勝負のファイナルは先制されると苦しくなる気がするので、先制点がすべてかなと。今シーズンは個人的には大事なところで点を取れてきたので、明日も狙っていきます」（阿部浩之）

「不安はまったくない。むしろワクワクとか楽しみという気持ちの方が大きい。うちのチームはキャプテン（遠藤保仁）があの空気ですからね。明日の試合でヤットさん（遠藤）が急にあたふたしたら空気が変わるかもしれないけど、それは考えられないので（笑）。僕たちものびのびといつも通りに試合に入りたいと思います」（宇佐美貴史）

選手たちの表情には、再びタイトルを争う舞台に戻ってきたことを楽しんでいる感さえあった。

ところが、試合は思わぬ方向に動いた。前半20分、ペナルティーエリア内で岩下敬輔がハンドを取られてＰＫを献上すると、それをサンフレッチェ広島のエース、佐藤寿人に決められてあっさりと先制を許す。さらにその15分後には左サイドからのクロスボールを一度は岩下がクリアするも、そのこぼれ球を拾われて2失点目を喫した。

「持ってねえな」

長谷川健太監督の脳裏にはそんな思いがよぎったという。監督としては清水エスパルス時代に三度、カップ戦のファイナリストになったが、いずれも準優勝。『シルバーコレクター』と揶揄されたかつての自分を重ねたのかもしれない。その長谷川とは清水時代に6年間、監督と選手として仕事をしてきた岩下も、チーム全体にいつもとは違う堅さを感じながら、大一番でミスが出たことを悔いていた。

「攻撃の選手が気持ちを見せて戦っているからこそ、『俺ら守備陣も応えようぜ』とずっと言い続けてきたのに自分がミスをして情けない。ただ、パトリックのゴールで1点差にして折り返したので、ハーフタイムで気持ちを仕切り直しました」（岩下）

その後半、ガンバは息を吹き返した。後押ししたのはシステム変更だ。前半は中盤をひし形にした4－4－2で臨んでいたが、後半開始から大森晃太郎を投入して通常のダブルボランチに変更すると流れが一変。大森のアグレッシブなパフォーマンスに勢いづいたガンバは、後半9分にパトリックのシュートがゴールネットを揺らし同点に追いつく。さらに後半26には阿部のシュートのこぼれ球に大森が詰め、決勝ゴールを叩き込んだ。

「絶対に最後まで勝利を諦めないことが僕の信条であり、サッカー人生を支えてくれた大事な武器。だからこそ0－2になっても決して諦めなかったし、その思いをプレーで表現するためにまずは自分がアクションを起こして相手のマークを引きつけ、味方が活用できるスペースを作り出そうと思っていました。ヤットの素晴らしいクロスから1点目を決められて、2点目は阿部がニアで潰れてくれてゴールが生まれた。

シーズン途中に加入し、監督には自分の武器を発揮することだけを考えてくれと言ってもらって、そのことに専念できたし、周りも僕を生かそうとしてくれた。特に後者は自分が短期間でフィットする上で大きなサポートになった。人生初のタイトルに加え、MVPを受賞できて本当に嬉しい。ガンバと僕自身がステップアップをする上で意義深いタイトルになりました」（パトリック）

「負けていたので失うものはないと思っていたし、とにかく思いきってやろうと試合に入りました。最近、たまたま得点が続いていて、今日もたまたま取れた（笑）。チームとしてのミスから奪われた2失点を、チームで3点取ってひっくり返せた。たくさんの選手が絡んで戦ってきたナビスコカップでしたが、今日もチーム全員で勝ったという印象が強いです。個人的にはガンバでの初タイトルなのでめっちゃ嬉しい」（大森）

その大森が兄貴と慕う岩下は、歓喜の輪の中で誰よりも長く泣き続けた。

「本当に仲間に助けてもらった。僕は健太さんに育ててもらった選手。健太さんと一緒に何度も決勝にチャレンジして、でもダメで…『今日こそは』と思って臨んだのに、前半は起用に応えられない展開になってしまった。本当に悔しい思いしかなかったけど、点を取られた瞬間からミョウさん（明神智和）が『大丈夫、ここからだ』と声をかけてくれるなど、素晴らしい仲間に助けてもらった。2点のビハインドをはね返せたのはチーム力の証。サッカーの難しさも、仲間と戦う素晴らしさも、その喜びも全部一度に味わえた初タイトルでした」（岩下）

試合後、スタッフ一人ひとりと抱き合い、喜びを分かち合った長谷川が、その足で広島の選手のもとに歩み寄ったのも印象的だ。

「こういう素晴らしいゲームをして、こういう結果を得られたのは相手チームがあってのこと。僕も2位で終わった経験を何度もしてきたし、負けた悔しさは痛いほどわかっているので、感謝の気持ちを込めて握手をさせてもらいました」

もちろん、そのあとはガンバの選手のもとへ。表彰式後には遠藤からカップを受け取ったが掲げることはしなかった。

「ヤットが気を遣ってくれて、『カップ、初めてですよね。どうぞ』と渡してくれまし

た。でも照れもあって、今日はお前たちが掲げてくれと。クラブハウスに帰ってからまたゆっくりと眺めて、こっそりと掲げようと思います」

そして、遠藤。

「何度経験しても、やっぱり優勝はいいもの。ロッカーに戻ってみんなで喜んでいるときに、あらためてそう思いました。試合後の記者会見に出席していた分、その時間が短くなったのが心残り（笑）」

それぞれが『らしい』言葉で逆転劇を振り返る。裏を返せば、その『らしさ』を探求し続けたことで辿り着いた、Ｊ１復帰後初のタイトルだった。

2014年

足掛け17年のMVP

「これからもサッカーは年齢ではないと証明し続けたい」

——遠藤保仁

遠藤保仁がJリーグ史上初となる7年連続のベストイレブンに選出された2009年。個人賞には興味を示すことのない彼が珍しくこんな話をしていた。

「アジア最優秀選手に選ばれたことはもちろん、どんな賞でもいただけるのは光栄なことだけど、1年を通して同じ舞台で戦った選手の意見が反映されるJリーグのベストイレブン（※同年のJ1リーグで17試合以上に出場した選手が投票する）は、自分にとって特別なもの。実際に敵として戦って、嫌だと思われるくらいのインパクトを残せたってことだから。そういう意味では7年続けて選んでもらえているのは自信になります。でも、どうせならMVPが欲しい。もともと個人賞にはあまり興味がないけど、JリーグのMVPはいまだにもらえてないから。チームへの貢献も反映されるMVPは、ボランチの僕にとって意識しなければいけない賞だと思っているし、今年もそこには手が届かなかったということをしっかり受け止めて、また来年頑張ります」

それまで、どんな結果を残そうと、周りから高い評価を得たとしても決まって「サッカーはチームで戦うものだから」と涼しい顔で話してきた遠藤だからこそ、MVPに意欲を示したのは意外だった。

それから5年後。自身としては2年ぶり、史上最多となる11度目のベストイレブンに選出された遠藤は、同時に、自身初のMVPに輝いた。「やるべき仕事を全力でやる」ことを愚直に求めながら、ときに激しく、ときに柔らかく。緩急のあるプレーで味方を操り、チームを三冠に導いた姿を評価されてのことだ。過去、MVPの受賞に感極まる選手を見てきただけに、もしや遠藤もと期待したが、いつも通りの表情でスピーチを始めた。

「僕はあと1カ月ほどで35歳になりますが、これからもサッカーは年齢ではないと証明し続けたいと思っています。同時に、たくさんの若くて素晴らしい選手がいるということも意識しながら、彼らに負けないように頑張りたいと思います。個人的なことを言えば、今年は日本代表として戦ったブラジル・ワールドカップで悔しい思いをして、さらなる成長を求めてやってきました。これからもいろんなことにチャレンジしながら、もっといい選手になっていきたいし、チームとしても個人としても、最高のパフォーマンスを見せられるように努力していきたいと思っています」

ベストイレブンの授賞式のときから、緊張した面持ちで写真に収まる受賞者もいた中で唯一、ピースサインをして笑いを誘っていた遠藤だったが、MVPのスピーチでも緊張は感じられず、マイペースにゆっくりと言葉を紡いだ。

授賞式後の取材で、Jリーグ初優勝を飾った2005年と同じ言葉を口にしたのも印象深い。

「チーム全員でこの場に立てたことが一番嬉しい」

何年経っても、遠藤の考えにブレはなかった。

「MVPは初めてもらった賞だし、もちろん嬉しいです。でも、チーム全員でこの舞台に立てたのが一番嬉しい。サッカーは個人でするスポーツではなく、みんなの力が揃って初めて結果が得られる。それを年間通して、高い温度で保ち続けることができなければタイトルには届かない。それをこの1年で実現できたことが何よりも嬉しい。ガンバに関わる全員で獲ったタイトルだからこそ全員でこの場に来れて、すごく嬉しいです」

勝つために自分は何をするべきか。勝たせるために何をするべきか。その2つを真摯に追い求めてきた彼のキャリアを象徴する言葉だった。

また、遠藤と同じ壇上で最優秀監督賞を受賞した長谷川健太（監督）のスピーチも印象的だった。

「私がJリーグの監督になった9年前の2005年。西野（朗）監督率いるガンバ大阪が優勝しました。そのとき、この舞台で西野監督のスピーチを聞きながら、自分はいつここに立てるんだろうと思っていました。清水エスパルスでは監督を6年やりましたが、タイトルにはなかなか手が届きませんでした。ただ、そのときのいろいろな経験がこの賞につながったと思っています。

昨シーズン、J2リーグで優勝できたことも私自身に自信を与えてくれました。今シーズンの中断前は16位。中断明け、みんなで這い上がろう、一つでも順位を上げようと話をして、最後はてっぺんに上り詰めてくれました。感謝しています。コーチングスタッフ、メディカルスタッフ、みんなの力なくしてこの賞は獲れなかったと思っています。クラブ関係者、新スタジアム建設という一件を抱えながら本当によく我々をサポートしてくれました。感謝しています。そしてガンバサポーター！　J2でも遠いところまで

応援に駆けつけてくれて、最後の最後まで選手を後押ししてくれて、ほんまおおきに！最後にこの場に立った感想を言って挨拶に代えさせていただきます。最高です！」

また一つ、忘れられないシーズンになった。

2014年

大一番で見せたスーパーサブの存在感

「入れと気持ちを込めて押し込みました」

――佐藤晃大

いつの時代も、チームの躍進の陰には『スーパーサブ』と呼ばれる存在がいた。本人にとっては決して名誉な呼び名ではないはずだが、長いシーズンを勝ち抜くには、試合の流れを一変させる、あるいは攻撃の停滞を解消する切り札が不可欠であることは、過去のタイトルを振り返っても明らかだろう。

長谷川ガンバにおける『スーパーサブ』は、2014年のＪ１リーグ優勝を引き寄せる大一番で活躍を見せた、佐藤晃大とリンスの2人だった。もっとも佐藤に関して言えば、徳島ヴォルティスから完全移籍で加入した2012年の活躍を記憶しているファンも多いかもしれない。事実、この年に彼は自身初のＪ１リーグで11得点を挙げて存在感を発揮。10月に右膝前十字靱帯損傷の大怪我を負って戦線離脱となるまで、苦しい試合でこそゴールでチームを盛り立てた。

その怪我のリハビリが長引いたため、2013年はわずか5試合の出場にとどまった佐藤が再起を懸けて臨んだのが2014年だ。開幕戦から先発でピッチに立ち、序盤戦こそ停滞するチームの中で彼自身も点を取れずに苦しんだが、ワールドカップによる中断後から徐々にギアを上げ、第24節のセレッソ大阪戦でシーズン初ゴールを挙げる。前半のうちに阿部浩之の得点でリードを奪っていたものの、後半は相手の猛攻にさらされ、耐え忍ぶ展開になっていたからこそ佐藤のゴールは貴重な追加点になった。

もう一つ、優勝争いの正念場となった第32節・浦和レッズ戦での決勝点も忘れられない。負ければ目の前で浦和に優勝を決められてしまうという大一番。スコアレスの状況下、後半37分からピッチ立った佐藤はその6分後、均衡を破るゴールを決める。浦和のFKをしのいだ直後のカウンターで、左サイドのリンスからパスを受けると右足で的確にコースを捉えてゴールネットを揺らし、超満員の埼玉スタジアムを静まり返らせた。

「監督に『点を取ってこい』と送り出された。蹴る瞬間は、入れと気持ちを込めて押し込みました。前半から貴史（宇佐美）とパトリックが頑張って相手を疲れさせてくれていたし、ヨネ（米倉恒貴）も全速力でゴール前に走り込んで相手を引きつけてくれていた。リンスも素晴らしいパスをくれました。最後、おいしいところを僕がもらいましたが、みんなで奪ったゴールだと思っています。昨年末に怪我から復帰して以降、監督はずっとチャンスをくれていたのになかなか結果を出せずにいた。なんとしても恩返しをしたいと思っていました。今日のゴールだけで恩を返せたとは思っていないですけど、一つ取れて、少しホッとしました」（佐藤）

佐藤が加入した2012年は同じ「あきひろ」という名前の家長昭博が在籍したため、チーム内での呼び名の差別化を図ろうと元プロ野球選手のパンチ佐藤にあやかって、『パンチ』と呼ばれるようになった佐藤。その愛称とは対照的に控え目で、常に周りへの感謝を忘れない彼らしい言葉だった。

その佐藤の決勝ゴールをアシストしたリンスは、『仕上げのリンス』と呼ばれるほど、数多くの苦しい試合を勝利に仕上げた。2014年に加入し、シーズン序盤こそ先発のピッチに立つことも多かったが、宇佐美の復帰とパトリックの加入により後半戦はほとんどの試合で控えメンバーに。それでも「与えられた時間の中でガンバのために仕事をするのが僕の役割」と常に気持ちを切らさずに準備を続け、出番を待った。

「ブラジル時代もそうでしたが、どんな状況でも結果を残すのがプロ。それがあって初めて監督や仲間の信頼を得ることができる。試合に出ても、出られなくても常にそのことは意識してきたし、その姿勢を続けていれば必ずゴールは取れる。だから僕はこれからも最高の準備と努力を続け、最高の結果を求めたいと思う」（リンス）

そんな彼の最も記憶に残るゴールは、第27節・鹿島アントラーズ戦のアディショナルタイムに決めた決勝点だ。5連勝で迎えた2位・鹿島とのアウェーゲーム。常に先行される展開の中、2－2に追いついた直後の後半28分に投入され、攻守にハードワークを続けながら得点の匂いを漂わせていたリンスは、終了間際に遠藤保仁のパスを受けて豪快に右足を振り抜き、決勝ゴールを奪った。この勝利で8年ぶりの6連勝を飾ったガンバは鹿島を抜いて2位に浮上。逆転優勝に向かって勢いを強めた。

2015年

歴史に残る名勝負。ACL準々決勝で見せた執念

「こういう劇的なゴールは、取ろうと思って取れるものじゃない」

——米倉恒貴

米倉恒貴が決勝ゴールを決めた瞬間、スタジアムはとてつもない興奮に包まれた。喜びのあまり長谷川健太監督はベンチを飛び出し、ピッチに足を踏み入れてしまう。それが退席処分に値する行為だと忘れてしまうほどの歓喜だった。

万博記念競技場で迎えたACL準々決勝・第2戦。全北現代モータースのホームに乗り込んだ第1戦を0－0で終えたガンバは、宇佐美貴史を出場停止で欠く中でこの日を迎えていた。

「とにかく勝てば、次のラウンドに進むことができる。だからこそ点を取らなければいけないけど、第1戦がスコアレスなので。先に失点してしまうと厳しくなるので慎重に入りながらも、90分でしっかり点を取ることを考えてプレーしたい。ここまでのACL

はすごく楽しんで戦えているので、これを続けるためにも勝ちます」（今野泰幸）

ホーム&アウェー方式の戦いでは『アウェーゴール』が大きくものを言う。だからこそ試合前日、今野は点を取ることだけではなく、点を取られないことにも言及していた。

だが、試合はいきなり動き、開始わずか13分で全北現代に先制点を許してしまう。嫌な空気が流れかけたが、それはすぐさま1分後のパトリックの同点ゴールでかき消し、振り出しに戻した。とはいえ、引き分けのままではアウェーゴールを奪った全北現代の勝利になってしまう（※両チームの合計スコアが同点の場合、アウェーで決めたゴール数が多いチームが勝者となる）。特に後半は相手に守備を固められ、攻めのガンバ、守りの全北現代という構図がはっきりと出来上がった。

そんな中、試合が動いたのは後半31分だ。遠藤保仁の縦パスを受けた倉田秋がミドルレンジから放ったシュートが、相手選手に当たってゴールに吸い込まれ逆転に成功。ようやくリードを奪うと長谷川監督が動き、後半38分に阿部浩之に代えて金正也を投入する。攻撃の枚数を減らし、5バックに変更して試合を終わらせる算段だった。

だが、その5分後にまさかの失点。またしても同点に追いつかれたガンバは窮地に立たされてしまう。アディショナルタイムは4分。土壇場で追いついた相手の集中力も高く、シュートチャンスを見いだせないまま時間は刻々と過ぎていく。最後にパワープレーを仕掛けようとしたそのとき、声が聞こえた。

「止まって」

遠藤の声に反応したのは金だ。パワープレーで前線に上がろうとしていた途中で足を止めると、遠藤からのパスがピタリとつけられる。そのボールを動き出していた米倉に送り込むと、最後は相手ディフェンダーに倒されそうになりながら放った米倉のシュートがゴールを捉えた。執念の逆転ゴールだった。

「前半からチームが熱い戦いをしていたので、ピッチに立ったら自分も結果を出さないといけないと思っていました。監督にはスペースがあったらガンガン行けと言われていた。ボールが来ると想定して走らないとボールは出てこないし、ゴールにもつながらない。あのシーンでも来ると想定して走っていたら、ジョン（金）がいいボールをくれた。こういう劇的なゴールは取ろうと思って取れるものじゃないので素直に嬉しい」（米倉）

米倉が金を称えれば、金は米倉や遠藤に感謝を寄せる。

「僕としては同点に追いつかれてしまったのが悔しいですけど、最後に仕事ができてよかった。『止まって』と声がかかったので止まったら、ヤットさん（遠藤）からいいボ

ールがきた。ヤットさんのおかげです。あとはヨネ（米倉）の動き出しが素晴らしかった」（金）

試合後、退席処分となったため記者会見に出席できず、照れ臭そうに無言でスタジアムをあとにした長谷川監督は、後日、得点シーンを振り返った。

「本当は2－1で勝たなければいけないし、試合をクローズさせるために正也を入れたんですが、なかなか簡単には勝たせてもらえませんでした。全北現代戦は僕が選手に助けられました。2－2になって、ヨネには上がれという話をしていたんですけど、正也が上がったのは選手の判断。まさか3点目の起点になるとは思っていなかったです。監督の至らぬところを選手に助けてもらいました」

真相は遠藤の言葉でも確認できた。

「相手がベタ引きだった中、ギャンブル的に前に上がっていた正也がフリーになっていたので、そこで起点ができればと思い、最短距離にいた正也に出した。そしたら、正也がディフェンダーらしからぬパスを出してくれた（笑）。そこから先は正也とヨネの執念が勝ったんだと思います」

全員の勝利への執念が引き寄せた、クラブ史上二度目のＡＣＬ準決勝進出だった。

2015年

GKのゴールで決着した珍事。長い、長いPK戦

「喜び方がわからなかったです」
——藤ヶ谷陽介

試合に決着をつけたのは、ゴールキーパーの藤ヶ谷陽介だった。セービングではない。ゴールで、だ。

ナビスコカップ準々決勝・第2戦。前年の覇者、ガンバはホームでの第1戦を1－1で折り返し、アウェー戦に臨んでいた。相手はかつての指揮官、西野朗監督が率いる名古屋グランパス。第1戦でアウェーゴールを奪われたガンバとしては先制点を奪い、相手にプレッシャーをかけたいところだったが、開始わずか7分で失点を許してしまう。もっとも「アウェーゴールを一つ取らなければいけない状況は同じだった」（長谷川健太監督）ことから、特に慌てる様子はなく徐々にペースを引き寄せていく。前半41分には遠藤保仁のスルーパスを受けた阿部浩之がゴールネットを揺らして同点に追いつき、精神的にも優位に立った。

ところが後半、試合を決めにいくためのカードとして投入した大森晃太郎が出場からわずか10分で負傷交代になるアクシデントもあり、相手に押し込まれてしまう。だが藤ヶ谷の好セーブにも助けられゴールを許さない。90分では決着がつかず、勝負は延長戦にもつれ込んだ。

延長戦で先手を取ったのはガンバだった。延長前半の4分、遠藤の右CKを岩下敬輔が頭で合わせ、追加点を奪う。だが雨のグラウンドは徐々に選手たちの足を重くし、その後は相手に攻め込まれる展開に。『引いて守るガンバ、攻める名古屋』の様相が色濃くなったことで、相手のセンターバック、田中マルクス闘莉王も前線に上がってガンバゴールを攻め立てる。すると延長前半15分、そのパワープレーに屈して闘莉王に同点ゴールを決められ、勝負はPK戦に持ち越された。

PK戦を前に動いたのは名古屋だった。延長後半もアディショナルタイムにさしかかろうとしていた時間帯で、西野は一枚残していた交代カードを切り、名古屋の守護神、楢﨑正剛に代えて高木義成を投入。PK戦を見据えた勝負に出る。

「楢﨑のペナルティーエリア内での反応の良さもありますが、自分の中で流れを少し変えようと思いました。昨年の天皇杯でのPKもよぎり、高木の良さを考えて彼を起用しました。最後に変化をつけるために高木を使うというプランは最初から持っていまし

た」（西野）
それに対し、長谷川は「ここまできたら、勝って帰ろう」と短い言葉で選手を送り出した。
先攻は名古屋。闘莉王が成功すると、ガンバの最初のキッカーに立った遠藤も成功し、そこから倉田秋、今野泰幸、パトリック、リンスと続く。6人目のキッカーとなった名古屋の矢野貴章が枠を大きく外し、勝負あったと思われたが、後攻の岩下のキックは左ポストに嫌われ、再び振り出しに戻る。以降も井手口陽介、金正也、オ・ジェソク、藤春廣輝と決めて、いよいよキッカーは11人目に。相手のゴールキーパー、高木が蹴ったボールはクロスバーを叩き、一方、藤ヶ谷の蹴ったボールはゴールを的確に捉え、ガンバの準決勝進出が決まった。
「いろんな意味でまさかの連続でした。自分のゴールで試合に勝ったことがなかったので、喜び方がわからなかったです（笑）」（藤ヶ谷）
試合後、長谷川がＰＫ戦の舞台裏を明かした。
「ＰＫは後攻という非常にプレッシャーがかかる展開でしたが、相手が決めていく中で、みんながよく決めてくれて…岩下は外しましたけど（笑）。キッカーを決めるときに岩下は『僕、大丈夫です。６番目いきます』と言ったのに外し、『絶対に蹴りたくない』と言ったので最後に回した藤春や藤ヶ谷は決めてくれました」

ちなみに、ガンバの長い長いＰＫ戦を見たのは２０００年の天皇杯４回戦の柏レイソル戦以来、二度目。その試合はさらに長い13人目までもつれ込み、10－９で勝利している。

2015年

奇跡が重なり合った決勝ゴール

「第六感が働きました」

――藤春廣輝

「うわっ、入るわ」

自陣左サイドにいた藤春廣輝は、丹羽大輝から東口順昭に戻された浮き球でのバックパスの弾道をそんな気持ちで見ていたという。

2015年11月28日、埼玉スタジアムで行われた浦和レッズとのJリーグチャンピオンシップ準決勝。1－1で迎えた延長後半のことだ。4万696人を集めた埼玉スタジアムは、ワンプレーごとにその熱を高めていた。

そんな中、残り5分を切ったところで、相手フォワードに圧力をかけられた丹羽が東口へバックパスを送る。すると想定外に浮いたボールは弧を描いてゴールへ。そのボールが、飛び出していた東口の必死に伸ばした足先にわずかに触れて右ポストを叩く。すぐさまそれを拾った東口から右サイドのオ・ジェソク、そしてボランチの遠藤保仁へ。

受けた遠藤はワンタッチで前線のパトリックへとつなぎ、右サイドの米倉恒貴に展開。ゴール前をめがけてクロスボールを送り込むと、藤春がダイレクトボレーで叩き込んだ。利き足ではない右足だった。

「まさか、持っていました。ヨネ（米倉）がいいところまで上がっていたし、僕もラスト数分だからと思って中に入っていったら、ニアで秋（倉田）がいいおとりになって突っ込んでくれた。ヨネと目が合ったのでいいボールがきたら振り抜こうと思っていました。滅多に使わない右足が輝きました（笑）」

両手でガッツポーズを作った藤春のもとにチームメイトが駆け寄り、倒れ込んだ藤春の上に重なって喜びを爆発させる。さらに、延長後半アディショナルタイムにもパトリックが追加点を奪って3－1と突き放し、埼玉スタジアムを沈黙に陥れた。

「両チームとも気持ちが入ったゲームができた。その中で勝てたのは若干の運もあったと思います。レッズは非常に力のあるチームなので一瞬のミスが命取りになると思っていました。そしたら延長で丹羽があぁいうプレーを…あれでやられた、と思ったんですけど、逆にレッズの選手の集中力を削いだような感じになり、その隙を、藤春が決めた。こういうレギュレーションでの初めてのチャンピオンシップで、見ている人もつまらな

いなという感じの内容にならなくてよかった。選手たちに感謝します」（長谷川健太監督）

東口のつま先、ポスト、そして藤春の右足。土壇場で重なった奇跡は、勝利への執念が生んだ結果だ。しかも驚くことに、この日は藤春の27回目の誕生日。予感があったと笑った。

「ドクターと試合前に話していたんです。これまでの人生でバースデーゴールを決めたことはないけど、今日もしバースデーゴールを決めるなら、左足ではないと思うって。そしたら右足で決められて…ほんまに第六感が働きました（笑）。これまで他の選手のことで第六感が働いたことは何度かあったけど、自分のことで働いたのは初めてで…しかも、スタートは丹羽ちゃんのバックパスからですからね。浦和はきっと、あそこで一瞬入ったと思って足が止まったと思うし、逆にガンバはそれで変な汗とアドレナリンが出て勢いに変わった。サッカーってほんまに何が起きるかわからない」

そして丹羽だ。ほとんどの選手がバスに乗り込んだあとにミックスゾーンに現れると、話す前からすでに苦笑いを浮かべていた。

「あれがまさか点につながるとは、さすがに自分でも想像していなかった。ヒヤリとしましたけど、本当にサッカーの神様はいるんだなと思いました。あの時間帯にあれが入るのと入らないのとでは、全然違う展開になっていたはずなので、日頃の行いが…いいことはそんなにしていない気もするけど（笑）、悪いことをしていなかったのがよかったんだと思います。勝ててよかった。試合後は全員にイジられまくりました。何も触れられない方が辛いので、逆にイジってもらえてよかった（笑）」

このミラクルな得点のあと、さらにパトリックが追加点を奪って３－１と浦和を下したガンバは、11年ぶりに復活したＪリーグチャンピオンシップの決勝に駒を進めた。

Panasonic

第7章

新たな場所へ

2015年

聖地とのサヨナラ

「万博が僕に力を貸してくれました」

――宇佐美貴史

「万博記念競技場には独特の引力があるんです。筑波大学を卒業するにあたり、ガンバ以外のチームからも話をもらっていたんですけど、当時の監督だったガマさん（釜本邦茂）に『一度、試合を見にこい』と言われて万博に足を運んだら、あのスタジアムに惚れ込んでしまって。ここでサッカーがしたいな、という思いが強くなりガンバへの加入を決めました」

1994年にガンバに加わった木山隆之の言葉にもあるように、万博記念競技場はいつの時代も特別な吸引力を持っていた。最新の設備が整っているとは言い難い、ノスタルジックな雰囲気が漂うスタジアムだ。陸上競技場でなおかつ収容人数は2万1000人（※2006年の改修前は2万3000人）と決して大きくもない。2002年のワールドカップ・日韓大会以降、日本各地に建てられたサッカー専用スタジアムと比べられて、肩身の狭い思いもしてきたことだろう。

それでも、選手もサポーターも誰もがこのスタジアムを愛した。青々と整備された芝生。雨が降っても水溜りができないように工夫されたピッチは常に抜群のコンディションを保ち、選手のプレーを後押しした。もっとも、輝かしい歴史ばかりを刻んできたわけでは決してない。1993〜1996年までは『オリジナル10』で唯一の4年連続の負け越しを味わい、Jリーグ人気に陰りが見えた1999年には、クラブ史上ワースト観客数となる2720人を記録したことも。「お荷物クラブ」と揶揄された長い低迷期も味わった。

だが、2002年以降はたくさんの歓喜が生まれた。優勝の瞬間を迎えることができたのは、2013年のJ2リーグだけだったが、2005年のJ1リーグ初優勝を前後して定着した『攻撃サッカー』を加速させるために万博の熱狂は間違いなく力になった。

2003年10月の名古屋グランパスエイト戦を機に、それまで分裂して応援していたサポーターが一つになり、その声がより大きく響き渡るようになったのも印象深い。

「今日はサポーターが一つになって応援してくれた。甲子園球場に負けない声援に押されて、僕もようやく点が取れました」

この試合で2得点を記録し、勝利の立役者になった吉原宏太は笑顔を見せた。

そうして、よりホーム感を強めていった万博記念競技場は、2005年に1試合におけるクラブ史上最多入場者数（2万2884人）を記録。はためくフラッグ、ぎゅうぎゅう詰めのスタンドから束になって届けられる声は、相手チームを苦しめる大きな圧となり、何度も『万博劇場』を作り出した。

2014年のJ1リーグ・ホーム最終戦も忘れられない。ヴィッセル神戸に3―1で快勝し、ラスト1試合を残して首位の座を射止めた試合だ。熱戦を終えて、優勝を争っていた浦和レッズがサガン鳥栖と引き分けた報せを受け、得失点差により同シーズン初の首位に浮上した事実を知ると、ホーム最終戦セレモニーでキャプテンの遠藤保仁は高らかに宣言した。

「1年間、たくさんの方に応援していただいて、ありがとうございました…と言いたいところですが、最後に最高の試合が待っています！　徳島に応援に来られる方、テレビの前で応援してくださる皆さん、必ず優勝します。残りリーグ戦1試合と天皇杯、必ず勝って三冠を獲りたいと思います！」

第14節終了時点で16位に低迷していたことが嘘のように後半戦で巻き返したガンバは、

その遠藤の言葉のままに三冠を実現。万博でのラストイヤーとなった2015年も数々の伝説を作り出す。同年9月のACL準々決勝・第2戦、全北現代モータースとの激闘はガンバファンの間で名勝負と語り継がれ、万博でのラストマッチとなった12月26日の天皇杯準々決勝、鳥栖戦は記憶に刻まれる一戦になった。

1歳の頃から両親に連れられて万博のゴール裏でガンバを応援し、ガンバに憧れ、プロになることを夢見た宇佐美貴史が先制点奪い、勢いづくかと思われたが、後半17分に鳥栖にゴールを許し1－1に追いつかれてしまう。そんな中、拮抗した流れに区切りをつけるような不思議な出来事が起こる。後半30分過ぎ、試合中にゴールネットが外れるという過去に類を見ないアクシデントで、約7分間にわたって試合が中断したのだ。そこから一気に流れがガンバに傾き、後半34分に宇佐美がこの日2点目を奪うと、後半40分には長沢駿が続く。結果、3－1で勝利したガンバは、白星で始まった万博記念競技場でのホームゲームの歴史を、白星で締めくくり別れを告げた。

「万博は僕がサッカーを好きになるきっかけを与えてくれたスタジアム。最後も、万博が僕に力を貸してくれました」(宇佐美)

最後の最後まで、万博の神様はガンバの味方だった。

2016年

『10』の象徴。36歳の決断

「タイトルを意識しながら、しびれる試合を戦いたい」

——二川孝広

二川孝広が移籍を考え始めたのは、試合に絡むことが激減した2015年頃からだったという。アカデミー時代を含めれば20年以上もの時を過ごしたガンバに対し、深いクラブ愛と誇りを持って戦い続けてきたことに嘘はない。だが、一方で、主力選手として数々のタイトル獲得に貢献し、しびれる戦いを続けてきたからこそ、それを味わえなくなっている現実に危機感を抱いていた。

「愛着という言葉では語れないほどの思いを抱いていたのは事実です。ただ36歳になり、プロサッカー選手としての後半を過ごしている中で、このままでいいのかと考えるようになった。『タイトルを意識しながら、しびれる試合を戦いたい』という一心で、それを最大の楽しみに現役生活を送ってきたからこそ、今一度、それを自分に求めたいと思った。特に2016年は育成に重きを置いたU－23チーム（※2016年に発足し、J3リーグに参加）でプレーすることが増え…そこでオーバーエイジ枠でプレーする自分と、『しびれる試合を』という思いが自分の中でうまくリンクできず…だから、東京ヴェルディからのオファーに心が動いたんだと思います」

ガンバで過ごした日々において「たくさんのタイトルを獲れたことが一番の思い出」と語るように、二川にとっての「しびれる試合」とは、タイトルを争う戦いを指す。2003年に日本人初の背番号10を託されて以降、何度も味わったそれはあらためて彼にサッカーの楽しさを教え、その中でしか得られない成長を実感させた。

最初にその喜びを味わったのは、2005年のJリーグ初制覇だ。最終節の川崎フロンターレ戦こそ、前々節の大宮アルディージャ戦で左膝を痛めたために出場できなかったが、シーズンを振り返れば34試合中24試合に先発出場。確かな技術に裏付けられた極上のパスセンスと戦術眼をもとに、『ファンタジフタ』と愛されたプレーで1年を通して攻撃を加速し続けた。

Jリーグ初優勝を皮切りに彼が経験した主要タイトルは、2007年のナビスコカップ、2008年のACL、2008年と2009年の天皇杯、そして2014年の三冠など、全部で9個。中でも二川が一番印象に残っているタイトルに挙げたのは、「僕にとっての初ハワイ行き（※パンパシフィックチャンピオンシップへの出場権）が懸かっていたので、絶対に勝ちたかった（笑）」と、やや不純な動機を白状した2007年のナビスコカップと、2008年のACL優勝だ。

前者では予選リーグ全6試合と、決勝トーナメントの準決勝・第2戦と決勝戦に先発出場して初優勝に大きく貢献。後者では決勝トーナメントの準々決勝・第2戦を除く11試合に先発出場し、クラブ史上初となるアジア制覇の立役者になった。

特筆すべきは、ACLグループステージに始まったアジアでの存在感だろう。3戦全勝を飾ったアウェー戦では芸術的なスーパーゴールを連発してチームを勢いづけ、決勝トーナメントでもチームの窮地を救う活躍を見せる。決勝のアデレード・ユナイテッド戦では、ホームの第1戦で均衡を破るルーカスの先制ゴールを絶妙のスルーパスでアシストすると、アウェーの第2戦でも相手の最終ラインを切り崩すパスをルーカスに送り込み、決勝ゴールをアシストした。恵まれた体格を武器に肉弾戦を仕掛けてくる相手をものともせず、華麗なリズムを刻むパスで翻弄する姿が痛快だった。

「大会を通して振り返るなら、一時はどうなるかと思うような流れもあり、苦しんだ時期もあったけど、それでも全員で決勝までつなげて、チャンピオンになれた。嬉しいというより、ホッとしている。とにかく、楽しかった。またこの舞台を戦いたい」

そんなふうに数々のタイトルを争い、獲得する喜びを実感してきたからこそ、U－23でプレーすることが増えた2016年は葛藤に苦しんだ。もちろん、常日頃から「自分のためのサッカー」だと話していた通り、戦う場所がどこであれ、手を抜いたことも向上心を失ったこともない。トップチームとは完全に切り離されて行われるU－23の練習は、ときにわずか6選手で行われたこともあったが、その状況にあっても黙々とトレーニングに向き合い、練習が終われば必ず、クールダウンのランニングをしてから練習場をあとにした。

その真摯な姿はU－23監督を務める實好礼忠も認めるところで、「練習でも試合でも、フタ（二川）のサッカーに対する姿勢は常に若い選手にいい影響力を与えてくれている」と評し、若手選手もまた二川の姿に、プレーに刺激を受けた。

「フタさんを信じて走れば、必ず絶妙なタイミングで、絶妙なパスが出てくる。あのパスを受けるのがたまらなく楽しかった」（平尾壮）

「フタさんのパスを感じられたことは、トップチームでのプレーを目指す上でいつも指

標になっていました」(妹尾直哉)

　一方で二川自身は、若手の育成をサポートする立場としての自分に納得していたのか。心の底からサッカーを楽しめていたのか。答えはノーだ。であればこそ、慣れ親しんだユニフォームを脱ぎ、新たなチャレンジをすると決めた。

　だが、その事実に寂しさこそ感じても、悲しむ必要はない。チームメイトとして二川と最も長い時間を過ごしてきた遠藤保仁の言葉がそれを教えてくれた。

「フタがいなくなっても、寂しくないよ。僕としては、ボールを蹴っているフタを見られない方が、よほど寂しいから」

　ユニフォームの色は変わっても、戦う場所がどこであっても、彼がピッチに立つ限り、我々は『ファンタジフタ』のプレーを楽しめる。

2016年

「僕の夢はプロサッカー選手になることではなく、ガンバ大阪の選手になることでした」

——宇佐美貴史

二度目の海外移籍。ガンバ愛は永遠に

「昨日、何を話そうか考えていて、いろんなことを思い出し、ガンバでの日々を振り返って一人で泣きました。0歳、1歳の頃からガンバの試合を見に来ていた僕の夢は、プロサッカー選手になることでも、Jリーガーになることでもなく、ガンバ大阪の選手になることでした。今、このスタジアムに来ている子どもたちと同じように、僕もスタンドからガンバの選手を応援していました。そんなサポーターだった僕が皆さんに応援してもらえる、声援を送ってもらえる環境は、本当に夢のようでした」

宇佐美貴史のガンバ愛が、深く感じられる別れの挨拶だった。2016年6月25日。FCアウクスブルク（ドイツ）に完全移籍することが発表された宇佐美は、ガンバでのラストマッチとなった名古屋グランパス戦後のセレモニーで声を詰まらせた。

２０１１年のバイエルン・ミュンヘン（ドイツ）への期限付き移籍に続く、二度目の海外へのチャレンジ。だが前回とは違い、今回は『完全移籍』という事実が彼の中での決別をより色濃くしたのだろう。また一度目の海外移籍で初めてガンバを離れたことにより、古巣への愛着がより強くなっていたことも理由かもしれない。

さらに言えば、子どもの頃から描いた「ガンバの中心選手としてタイトルを獲得する」という夢を実現したことも、彼にさまざまな感情をもたらしていた。

「２０１３年にＪ２リーグで戦うガンバに戻ってきて昇格を経験し、翌年は三冠を実現できて、２０１５年も天皇杯の連覇があって…。小さい頃からガンバが好きで、ガンバに育ててもらった僕にとって、また中心選手になってガンバにタイトルを残すことが恩返しになると思っていた僕にとっては、すべてが特別で幸せな時間やった。この３年、４年はいろんな意味でずっとサッカー人生の岐路に立たされていました。特にドイツでの2年間は難しいこともたくさんあった中でガンバへの復帰を決めて…自分にはあとがないと思っていたし、正直最初は不安もいっぱいあった。でも、結果的にドイツに行く前の数年と比べ物にならないくらい毎日が楽しく、いろんなものを積み上げさせてもらった。仲間の大切さを実感できたのもこの3年間のおかげ。プロの世界で、チームメイトはライバルでもあるけど、そういうことを抜きに、一人の人間として人の温かみを知れたというのかな。敬輔くん（岩下）をはじめ、年齢に関係なく仲間と『人と人』としてのつながりを持つ意味、それがもたらしてくれる心強さ、温かさを知れたのは自分にとってすごく大きかった。だから、ドイツに行く前の何倍も楽しい時間を過ごせたんだと思うし、僕がガンバにできる恩返しは一つでも多くタイトルを獲ることだと考えていたからこそ、仲間とともにＪ２優勝を含めて５つのタイトルを獲れたのは嬉しかったし、ほんまに充実していました」

しかし、だからこそ宇佐美は再び、自身に変化を求めた。

「ガンバにいると居心地が良すぎるんです。調子が悪いときには無理にでも軌道修正しようと粘り強く使ってくれる健太さん（長谷川監督）がいて、信頼できるチームメイトやスタッフがいて…ものすごい声援と愛情でたくさんの期待を注いでくれるファンがいて。自分で言うのもなんやけど、これだけたくさんのサポーターと相思相愛の関係を築ける選手ってそうそうおらんと考えても、ほんまに幸せやったと思います。でも、居心地がいい環境を全部取っ払ってもう一度ゼロから、また違う環境で今のガンバでの立ち位置みたいなものを築かなければ成長できないと思ったし、もう一回生きるか死ぬかの瀬戸際を経験しないとこれ以上の成長は望めないと思った」

インタビューの途中、感極まって涙が頬を伝う。名古屋戦後のセレモニーでも自然と涙が溢れた。

「皆さんに伝えたいのは、心の底からの感謝だけです。こういうセレモニーは2回目ですけど、1回目も本当に盛大に送り出してもらって…なのにボロボロになって帰ってきた僕を温かく迎え入れてもらった。合流初日の練習では『またここから這い上がれ、貴史』という横断幕を掲げてもらった。J2のガンバに加わって、恐怖心で硬くなっていた自分の心が柔らかくなって、皆さんに喜んでもらえるように、またガンバがJ2から這い上がれるように、ということだけを考えて日々戦ってきました。そうした中で皆さんと獲れたタイトルは、僕の人生において最大の喜びであり、誇りです。

1回目はボロボロになった自分を皆さんに助けてもらって這い上がらせてもらいましたが、2回目は粘り強く、地面に這いつくばってでも努力を重ねて、皆さんに助けてもらう必要がないくらいの男に成長して、またいつかこのクラブでプレーできることを夢見ています。そのときはまた温かく迎え入れてもらえたら嬉しいです。僕はこれからガンバの選手ではなくなりますが、皆さんと同じように永遠にガンバファンです。これからもガンバ大阪をよろしくお願いします」

セレモニーを終えたあと、報道陣の囲み取材に応じた宇佐美は「ヨーロッパでいつまでプレーしたいか？」との問いかけに、こんな言葉を返している。

「長くやりたいという気持ちはありますが、ガンバに戻ってくるのはヨボヨボになってから、というイメージではないです。選手としてのピークというか…できればチームの中心選手としてガンバを背負えるくらいのときに戻って、成長した姿をプレーで見せたいし、それが育ててもらったクラブへの恩返しにもなると思っています」

その言葉を実現したのが２０１９年夏。宇佐美は再び『完全移籍』でガンバへの復帰を決める。あれから2年。29歳になった彼は、今もガンバのど真ん中で戦い続けている。

2016年

J3リーグを戦ったガンバU－23の5年間

「U－23で過ごした時間は、この先のキャリアにおいても忘れないと思う」

――堂安律

「ガンバ大阪U－23は、近未来のガンバにすごく影響を与える場所。アカデミー育ちの選手を含めた若い選手がこれまで培ってきた力を、プロの世界で戦える力にしていくという重要なミッションを任せてもらった。やりがいと責任を感じています」

2016年に古巣のトップチームコーチ兼U－23監督に就任した實好礼忠は、セカンドチームのJ3リーグ参戦という新たなチャレンジに意欲を見せた。同シーズンの新加入選手は、期限付き移籍から復帰した選手を合わせると総勢12名。言うまでもなくJ3参戦を見越した獲得だった。

トップチームを率いる長谷川健太監督もその存在意義を口にしていた。

「ガンバのようにACLも含めてハードスケジュールを強いられるチームは、練習試合などがなかなか組めない。そう考えても、ルーキーをはじめとする若手選手にとっては本当に素晴らしい環境を与えてもらった。正直、シーズンをスタートする現段階で、若い選手を今のままJ1リーグで起用できるかと考えたら現実的ではないですが、J3リーグで公式戦の経験を積み上げながら、夏くらいにはトップチームでの競争に顔を出してもらえるようになってほしい。そうすれば、選手層をより膨らませて後半戦を戦える。それを実現するためにも、若い選手にはトップチームの戦力ということをしっかり描いて、スキルを磨いてもらいたいと考えています」

その言葉通り、U－23は若い選手が自身をプロの世界にアジャストさせながらプレーを磨き、公式戦での経験を積み上げる場となった。

象徴的な選手が2016年にアカデミーから飛び級でトップ昇格した堂安律や、2017年に昇格した食野亮太郎、2018年に東福岡高校から加入した福田湧矢、2019年にアカデミーから昇格した奥野耕平らだろう。實好に始まり、宮本恒靖、森下仁志とU－23監督のバトンが受け継がれる中、それぞれの指導者のもとで成長を遂げながら結果でアピールし、活躍の場をJ1リーグへと移した。さらに、堂安は2017年6月に期限付き移籍でFCフローニンゲン（オランダ）へ、食野は2019年7月に完全移籍でマンチェスター・シティ（イングランド）へ、中村敬斗は期限付き移籍でFCトゥエンテ（オランダ）へと羽ばたいた。

「U－23で過ごした時間はこの先のキャリアにおいても忘れないと思う。プレーとしてもマインドとしても、自分のプロサッカー選手としてのベースを築く時間になった。なかなかトップチームに呼んでもらえなくて腐りかけていたときに、ノリさん（實好）に今の時間がいかに大事かを教わった。甘い言葉はまったくかけられず、むしろ怒られてばっかりやったけど、ノリさんのいろんな言葉にハッとさせられて、お金をもらってサッカーをすることがどれだけ責任を伴うかということに気づかされた。U－23で毎日なにくそと思いながら、ハードワークできるようになったことがJ1リーグでのプレーにつながったし、海外移籍のチャンスにつながったと思っています」（堂安）

「僕は2018年に初めてJ1リーグの試合に出してもらったけど、そこで調子に乗ってしまい、U－23に逆戻りになってしまった。その中で仁志さん（森下）に繰り返し自分に足りていないものを指摘してもらい、自分が持っている技術をどう発揮すれば結果につながるのかをアドバイスしてもらって、マインドを含めて変われたところがたくさんあった。それがトップチームでのプレーや、海外移籍にもつながった。まだまだ足りないけど、少しずつ目に見えた結果が出せるようになってきて、自分のプレースタイルも確立しつつある。メンタル面でのコントロールもうまくできるようになってきた。その過程があったから、思いきって海外で勝負しようという気持ちが湧いたんだと思います」（食野）

またU－23発足により、2種登録のユース所属選手がJ3リーグを経験できたのも特筆すべきことだろう。東京五輪でも活躍した谷晃生は高校1年生から、2020年に飛び級でトップ昇格した唐山翔自は高校2年生からU－23でプレー。2021年8月にポルティモネンセSC（ポルトガル）に完全移籍した川崎修平も、高校2年生のときからU－23で試合経験を積み、ステップアップを遂げた一人だ。早くにプロの世界を肌で体感した経験は、彼らの成長速度を速めるきっかけになった。

2020年のJ3リーグ第24節、福島ユナイテッドFC戦を終えた森下監督の言葉が印象に残っている。この一戦は、ユース選手6人が先発を飾り、スコアレスドローとなった。

「ユースの選手が半分以上も出場していた中で、本当に素晴らしい試合だったと思います。あらためてうちのアカデミーのポテンシャルの高さを感じました。今日一日、この一回の試合で本当にグッと成長した選手もいるはずだし、この舞台を経験したことで、選手のマインドも刺激を受けて、また明日からの練習の質も上がっていくと思う。今日の試合でわかったのは、彼らにはまだまだ出しきれていない可能性があるということ。それを踏まえて僕ら指導者がまたしっかりとトレーニングを与えていけば、彼らはまだまだ脅威な存在になっていけると思っています」

残念ながら当初の予定通り、U－23の活動は2020年で終了したが、先に名前を挙げた選手以外にも野田裕喜（モンテディオ山形）、高宇洋（アルビレックス新潟）、髙江麗央（FC町田ゼルビア）ら、多くの選手がここで積み上げた経験を足がかりに、ガンバをはじめとするさまざまなクラブで活躍を続けている。その事実もまた、U－23の5年間の価値を如実に表している。

PanaHome
umbro
ROHTO
DAIKEN

2016年

クラブ史上2人目のダブル受賞

「2つとも自分が獲れるなんて考えたこともなかった」

——井手口陽介

井手口陽介の名を全国区にしたのは、日本代表として出場したワールドカップ・ロシア大会アジア最終予選のオーストラリア戦だろう。2017年8月31日、本大会出場が懸かった大一番に先発出場した井手口は攻守に際立つ存在感を示し、後半37分には強烈なミドルシュートで代表初ゴールを記録。一躍、時の人となった。

「急に取材もサインを求められることも増えた。僕のことをほとんど知らなかった人に『またゴールを決めてください』って声をかけられることもあるんですけど、そのたびに僕はもともとゴールを取るタイプの選手じゃないねんけどなって戸惑ってます（笑）」

ブレイクの予感はすでに2016年から漂わせていた。トップ昇格から3シーズン目を迎えていたこの年、井手口は最初の公式戦となったゼロックススーパーカップで先発すると、以降もACLやリーグ戦で出場時間を増やしながら存在感を際立たせていく。6月18日の1stステージ第16節・サガン鳥栖戦では、ゆりかごダンスで第一子誕生を報告するという嬉しいニュースも。試合後にはパパの顔をのぞかせた。

「発表のタイミングをうかがっていたら、結果的にゆりかごダンスで報告することになりました（笑）。鳥栖戦の前日に生まれたので、つい勢いで…めちゃめちゃ可愛いです。我が子がこんなに可愛いとは驚きでした」

その後、8月にはチーム最年少でリオデジャネイロ五輪に出場。ガンバに戻ってからはいよいよ、先発のピッチを任されることが増える。遠藤保仁、今野泰幸、明神智和ら百戦錬磨のボランチとのポジション争いは言うまでもなく熾烈を極めたが、生来の負けん気の強さがピッチでも遺憾なく発揮されるようになってからはポジションを不動のものにした。

大きな転機となったのは2ndステージ第12節の名古屋グランパス戦だ。1－1で迎えた後半20分。ショートカウンターから左サイドを駆け上がった井手口は、精度の高いクロスボールでアデミウソンの追加点を演出。さらにアディショナルタイムにはカウンターから度肝を抜くような、強烈なミドルシュートを叩き込む。それまでも惜しいシーンはあったものの、わずかに枠を捉えきれない試合が続いていたが、この日は1ゴール1アシストでチームに勝利を引き寄せた。

「1点取れたことで気持ちがかなり楽になった。去年までは周りの選手への遠慮もあって、攻撃は他の選手に任せておけばいいと思っていたけど、最近は周りに遠慮しなくなったせいか、自分らしいプレーを発揮できる回数も増えた」

以降もコンスタントに試合に出場しながら、ノックアウトステージの全試合に絡んで決勝進出に貢献したルヴァンカップでは、クラブ史上3人目となるニューヒーロー賞を受賞。11月には20歳にして初めて日本代表に名を連ね、年末のJリーグアウォーズではベストヤングプレーヤー賞に選出された。

「2つとも自分が獲れるなんて考えたこともなかったけど、素直に嬉しい」

ダブル受賞はアカデミーの先輩、宇佐美貴史以来2人目の快挙だと話を振ると、こちらの言わんとすることを見透かされたのか、「僕は宇佐美くんみたいなチームの顔にはなれませんよ（笑）」とジャブを打たれる。それでも決意はのぞかせた。

「アカデミーから昇格して、トップでプレーするようになってから、最初の2年は物足りなさを感じるばかりで…。ヤットさん（遠藤）やコンさん（今野）、ミョウさん（明神）と比べると、明らかに僕はパスの精度、見ている範囲の広さやトラップの的確さ、ボールを奪ってから攻撃につなげるまでの精度などが低いなと。でも、それを日々感じながら、自分には足りないことが多いと思ってやってきたことが、間違いなく今の自分につながっている。最近はヤットさんにすらあまり気を遣わなくなったし（笑）、このままいい意味で自分のサッカーを貫ける選手になりたい。もっと点を取りたいし、アシストもしたいし、勝負どころでチームに貢献できる選手になっていきたい」

その翌年、2017年にJ1リーグで自身最多となる30試合に出場した井手口はシーズン終了後、リーズ・ユナイテッド（イングランド）に完全移籍。そこからクルトゥラル・レオネサ（スペイン）、グロイター・フュルト（ドイツ）に在籍したものの、2018年9月に右膝後十字靭帯断裂の大怪我に見舞われピッチから遠ざかる。その状況を受けて2019年8月、「まだまだ海外で挑戦したいという気持ちはあった」としながらも、自身が置かれている現状を冷静に見極め、完全移籍でガンバ復帰を決めた。そのプレーに憧れた今野の代名詞『15』を背負って。

「クラブの方に空いている番号を教えてもらったら、15が空いていたので…。コンさんが長年つけてきた番号で、コンさんのようなすごい選手のあとを継げるのなら光栄だなと思って選びました。今のガンバのボランチには、攻撃的なボランチやパサータイプの選手が多いので…僕も攻撃はしたいけど、まずは自分の特徴を生かして守備の役目をしっかりと果たしていければと思っています」

今野へのリスペクトを口にした彼に、「もしかして今野選手にも事前に連絡を？」と尋ねたら、質問に被せるように「していません！　すぐにジュビロ磐田戦があるのでそこで報告します！」と表情を崩した。

2018年

Jリーグ史上2クラブ目。選手OB会が発足

「お世話になったクラブの発展に協力、貢献をしていきたい」

——木場昌雄

２０１８年1月6日。かねてより水面下で準備を進めてきたガンバ大阪選手OB会が発足した。正式な選手OB会の設立は、Jリーグでは浦和レッズに次ぐ2クラブ目で、10年以上にわたってガンバに在籍した松波正信が会長に、木場昌雄が副会長に就任。当日行われた『ガンバ大阪選手OB会設立総会』には、１９９３年のJリーグ開幕時に在籍した草木克洋、礒貝洋光、島田貴裕、和田昌裕、石井壯二郎、木山隆之をはじめ、森岡茂、宮本恒靖、山口智、吉原宏太ら幅広い年齢層のOBが約50名、顔を揃えた。

「名誉会長にご就任いただいた松下正幸さん（パナソニック株式会社副会長）をはじめ、賛助会員としてサポートしてくださった企業、個人の皆さんなど、たくさんの方のお力をお借りして無事、スタートを切ることができました。第一回総会には想像していた以

上にたくさんのOBの皆さんにお集まりいただき、久しぶりに現役時代の仲間とボールを蹴ることができて、懐かしさも感じながら楽しい時間を過ごすことができました。今後はガンバとも密に連携をとりながら、OBとしてかつてお世話になったクラブの発展に尽力していきたいと思っていますし、OB会単体としてのイベント開催なども視野に入れながら、活動していこうと思っています」（松波）

「約1年をかけてクラブの方とお互いの協力体制について話し合いながら、ようやくガンバ大阪選手OB会発足にこぎつけることができました。ご尽力いただいた皆さんに感謝しています。選手OB会発足は、僕たちOBがお世話になったクラブになんらかの恩返しをしたいという思いからスタートしました。パナソニックスタジアム吹田という素晴らしいスタジアムが完成し、クラブがよりビッグクラブへと成長しようとしている中で、OBもクラブの発展に協力、貢献をしていきたいと考えています」（木場）

当日はスタジアム内の見学を行ったのち、トップチームが使用する練習グラウンドで紅白戦を実施。またミュージアム『BlուSTORIA』に掲出されている全OBのパネルにサインを入れるなど、OBはさまざまなイベントに参加しながら再会を楽しんだ。その後、第一回総会では名誉会長に就任した松下氏も挨拶に立った。

「ガンバ大阪選手ＯＢ会の会員の皆さんにはガンバに在籍され、選手としてプレーされたという共通点があると思いますが、引退後は引き続き、サッカーに携わっていらっしゃる方、サッカーから離れて他のお仕事をされている方など、さまざまな立場で人生を歩まれていることと思います。そうした皆さんが、この先もお互いの活動を称え合い、尊重し合い、元気をなくしている人がいたときには励まし合いながら、みんなで楽しみを分かち合える会にしていってほしいと思っています」

発足から2年目を迎えた２０１９年11月には選手ＯＢ会発足後初の『ガンバ大阪ＯＢ後座試合』が開催され、約50名のＯＢがパナスタに集結。６０００人を超えるサポーターの前で20分ハーフの試合を行い、スタンドを沸かせた。出場したＯＢのほとんどがかつてのホームスタジアム、万博記念競技場で試合を戦っていたからだろう。パナスタの臨場感を肌で感じ、誰もがこのスタジアムでプレーできる幸せを口にしていた。

以降、毎年1月に総会を開催しながら活動を続ける中でも、さまざまな声がＯＢから寄せられている。

「田辺グラウンドで練習し、万博で試合をしていた頃が思い出せなくなりそうなくらい素晴らしいスタジアム。顔も知らないＯＢも増えましたが、ガンバ大阪でつながってい

る仲間であることは間違いないので、これからもいい関係性を築きながらクラブの発展を応援したいと思います」（美濃部直彦）

「総会や懇親会を通して皆さんの近況や当時の思い出を聞くことができ、あらためてガンバが積み上げてきた歴史を感じる時間を過ごせました」（宮本）

「OB会が発足したことでガンバのエンブレムを付けて戦っていたときの身の引き締まる感覚が蘇って、クラブをすごく近くに感じられるようになりました」（吉原）

選手OB会では会費を活用して毎年、トップチームからのリクエストに応える形で試合や練習で使用する備品を寄贈。現在のガンバを担う後輩たちへエールを送り続けている。

2019年

前人未到の公式戦1000試合出場

「これからもまだまだ試合をしたい」

――遠藤保仁

公式戦1000試合。

その内訳を見るだけでも気が遠くなる数字だ。J1リーグ621試合、J2リーグ33試合、ACL58試合、リーグカップ（ナビスコカップ、ルヴァンカップ）72試合、天皇杯48試合、国際Aマッチ152試合――。

それ以外にもクラブワールドカップやチャンピオンシップなどのピッチに立ち、2019年8月2日、J1リーグ第21節のヴィッセル神戸戦で、遠藤保仁は日本人では初めての偉業を達成した。

デビューは横浜フリューゲルスでのプロ1年目、1998年3月21日だ。横浜マリノスとのJリーグ開幕戦の先発メンバーに抜擢された。

「今振り返っても、プロ1年目に試合に使ってもらったのが自分にとってはすごく大きかった。自分の物足りなさも、通用するかもなと思った部分も、公式戦で体感できたことが成長の速度を上げてくれた」

同シーズン限りでのチーム消滅という衝撃的な出来事を経験した翌年は、京都パープルサンガへ。レギュラーとして活躍すると、2001年にガンバに籍を移した。

「似たような年齢の若い選手が多く在籍しているチームなので、選手の成長とチームの成長がリンクしながら強くなっていける気がした」

そこからの活躍は説明するまでもないだろう。2005年に始まるガンバのタイトルの歴史において、遠藤はそのすべての立役者になった。驚いたのは、どれだけ試合を重ねても大きな怪我をしなかったこと。2002年からは日本代表にも名を連ねるようになり、毎シーズン、チームの中で誰よりも多くの試合を戦ってきたが、長期に及ぶような離脱はほとんどなく、2006年と2008年にそれぞれウイルス性肝炎で入院した以外はピッチに立ち続けた。

特に2006年のワールドカップ・ドイツ大会以降は、日本代表でも主軸となり、よりハードなスケジュールを強いられたが、どんな過酷さに直面してもそのパフォーマンスは輝きを見せた。それを可能にしていたのがコンディション調整だ。ワールドカップイヤーの2006年。こんな話をしていたのを覚えている。

「代表戦のあとは必ず周りに疲れを心配してもらうんですけど、正直な話、周りが思うほど、疲れてないです（笑）。もちろん試合の合間の調整は他の選手とまったく同じとはいかないし、そこの強度は監督（西野朗）に理解してもらいながら自分でうまく調整しているところはあります。例えば代表戦から戻った日が、チームとしては公式戦の2日前で紅白戦をする日だったとしても、僕は完全に別メニューでほとんど体を動かさずにミーティングだけ出て終わり、とか。そこの調整さえうまくいけば体はまったく問題ない。むしろ週2回とか試合をしている方がコンディションはいいくらいです。大抵の監督が『練習しないとコンディションを落とす』と思っているはずですけど、西野さんは違う。代表戦とかJリーグとか、強度の高い試合を週に2回も戦っていれば、コンディションは絶対に落ちないということを理解してくれているし、そのおかげで両立ができているんだと思う」

まさかそれと似た言葉を13年後、公式戦1000試合出場を達成したときにも聞くとは想像していなかったが。

「数字を気にしたことはないけど、世界的に見ても1000試合以上を数えた選手はブッフォン、シャビ、カシージャスとか6、7人。そう考えると1000試合はさすがに自分でもすごいなって思う（笑）。これだけの試合数を戦ってこれたのは、どの時代もコンディションをうまく調整できてきたから。代表との行き来で忙しかった時代、僕なりの調整を許してくれた監督がいて、体のケアに付き合ってくれたメディカルスタッフがいて、支えてくれた家族がいて、一緒に戦ってくれたチームメイト、スタッフがいたからやってこれた。感謝しています。いつの時代も、選手が一番成長できるのも評価を受けるのも試合。これだけたくさんの試合を経験してこれたから成長できたし、今のキャリアにもつながった。だから、これからもまだまだ試合をしたいなって思います」

その言葉通り、遠藤は今も変わらずピッチに立ち続け、その数を伸ばしている。

2019年

仲間との別れ。涙の移籍

「この7年半、家族と言ってもいいくらいガンバは居心地がよかった」
――今野泰幸

「さっき、チームメイトにも挨拶を済ませてきましたが、何を言ったかはあまり覚えてないです。話したいことはたくさんあったのに全然話がまとまらなくて。7年半もの時間を、1分程度のお別れの挨拶でまとめられるほど話術もないので…でも自分の中で思っていることの4割くらいは話せました」

クラブハウスから出てきた今野泰幸はどこかすっきりとした表情に見えたが、チームメイトの前では大号泣で言葉にならなかったと聞く。「いい思い出と悪い思い出が半々」と振り返ったガンバでの時間はそれくらい色濃いものだった。

今野がガンバに加入したのは2012年のこと。三度目のラブコールに応え、「タイトルを争えるチームでサッカーをしたい」と決意を固めた。

「ヤットさん（遠藤保仁）と話したときに、ガンバの成績にまったく納得していないと聞けたのは大きかった。外から見ればガンバは毎年Jリーグでもいい成績を残しているチームなのに、ヤットさんは『優勝しかいらない』と。そういう野心に触れて、ガンバは優勝しないと満足できないチームなんだと知り、その仲間になりたいと思った」

ところが、加入初年度はまさかの残留争いに巻き込まれ、最終節でクラブ史上初のJ2降格が決まってしまう。リーグ屈指の圧倒的な攻撃力を示した一方で、守備の脆さが重く響いた。

当時、今野は日本代表で主軸を務めており、カテゴリーを下げる不安もあったはずだが早々に残留の意思を固めると、2013年もガンバのユニフォームを身にまとう。J2リーグは代表戦のスケジュールが考慮されないため、ときにチームを離れることもあったが、ピッチに立てばさすがの存在感でJ1復帰を後押しした。

翌2014年。チームは序盤から勝ちあぐねた。J1リーグ第2節・アルビレックス新潟戦こそ白星を挙げたもののあとが続かない。そこから5試合、白星を掴めないまま迎えた4月19日の大宮アルディージャ戦後には衝撃的なワードを口にした。

「せっかく先制したのに僕が入ってから失点してしまったので、これで勝てなければ舌を噛んで死のうかと思いました。奇跡ですね。サッカーの神様が助けてくれました」

1－0とリードしている状況の後半39分から途中出場し、直後に失点を喫したことを踏まえた言葉だったが、結果的に自ら決勝ゴールを叩き込んで6試合ぶりの勝利につなげた。もっとも、翌節からはまたしても3連敗と苦しい時期が続いたが、ワールドカップによる中断を挟んだ後半戦を連勝スタートで波に乗ると、チームはぐいぐいと順位を上げ、最終的に三冠を実現。今野もその中心でチームを支え続けた。

それらタイトルを「一番の思い出」と語る一方で、怪我でチームを離れたり、コンディションが上がらずに苦しんだ時期も「すべてが成長につながるかけがえのない時間」と受け止めていたからだろう。2016年以降、タイトルから遠のくようになっても、チームを離れる考えは微塵もなかったという。それは控えに回ることが増えた2019年も同じだったが、夏に届いたジュビロ磐田からのオファーに気持ちが動いた。

「オファーをもらって、とにかくいろいろ考えて…ずっと考えて、完全に情緒不安定だったと思います。シーズン中の移籍は考えたこともなかったし、最後まで一緒にみんなと戦いたいという気持ちが強かった。この7年半、家族と言ってもいいくらいガンバは居心地がよかったし、友達もたくさんできた。そんなみんなと別れるのはすごく寂しい…やっぱり、今も寂しいです」

それでも、最後は移籍をすると決断した。

「前回の移籍とは違い、36歳での移籍となると勢いだけではなく、より現実的に考えなければいけないところもありました。判断材料も一つではなく…うまく言えないけど、とにかく難しかったです。ただ、近年は『最低でも45歳まで現役を続けること』を目標に掲げ、それを『辛い、辛い』ではなく『楽しく笑顔で突っ走りたい』と思っていたので。移籍は寂しいけど、また前を向いて楽しみたい。今はそう思っています」

ガンバでプレーするきっかけを与えてくれた盟友、遠藤についての言葉も印象的だ。その背中を追いかけた7年半は同じボランチとしても特別な時間だった。

「ヤットさんと同じチームでやれるのが本当に楽しみでした。ずっと尊敬していたし、憧れていたし、でも追いつきたいばかりではなく、追い越したいと思っていました。ただ、やっぱり壁は高く、追い越せなかった。ヤットさんはボランチとしてのすべての資質を持っているすごい人。今でもヤットさんに敵うボランチはいないと思っています」

自分のサッカー人生だからこそ、自分らしく、そして楽しく。今野は今もそのキャリアを突っ走っている。

第8章

未来に向けて

2019年

異国で出会った宝物

「日本に来て、ガンバの一員になれて本当によかった」

——オ・ジェソク

6年半にわたって在籍したガンバのクラブハウスを訪れた最後の日。オ・ジェソクは目に涙を浮かべていた。

「一生のお別れじゃないので、泣かないと決めていたのに。昨日まで我慢していたんだけどな」

今回の移籍はあくまで『期限付き』だと考えても、明るく笑って旅立つつもりだったが、胸に秘めていた思いを言葉にすると、この6年半が蘇り、言葉に詰まった。

「今は正直、寂しさの方が大きいです。本当に急な話で、1日で、正確には5時間くらいで結論を出したので、いまだに自分でも信じられない気持ちです。僕自身、このタイミングでガンバを離れることになるとは想像もしていなかったし、仮にたった5試合しか出場できなくても、ガンバが必要としてくれる限りはガンバのために戦おうと思っていました。

この6年半、本当にたくさんの人に支えられ、いろんな人たちの温かいサポートのおかげでサッカー選手としても、人間的にも成長することができ、韓国代表としてもプレーできました。たくさんのタイトルも獲ることができました。僕自身もガンバでプレーすることが誇りだったし、僕の両親もガンバで戦う僕の姿を見ることをいつも楽しみにしてくれていました。本当にガンバが大好きでした」

一旦、言葉を区切ると、大きく息を吐き出して深呼吸をし、期限付き移籍の決断までの心の動きを辿るように、言葉を続けた。

「でも、一方で今シーズンのスタートにあたっては、緊張感が少なくなっている自分に危機感を持っていました。この状況を変えなければいけないと、背番号の変更を考えたこともあったし、新しく何かを始める必要を感じながらも何を変化させればいいのかわからず、家具の配置を変えて気分転換を図ったこともありました。そのくらい、自分になんらかの変化が必要だと思っていたし、変化が起きる予感もありました。

その中で今回、FC東京から話をいただいて、これまで他のチームから『興味を持っている』という話をもらったときには動かなかった気持ちが、初めて動きました。もしかしたらこれは、サガン鳥栖戦を終えた直後に感じたことと、どこかでリンクしていたのかもしれません。あの試合に負けてしまったあと、僕は『ガンバに大きな変化が起きるかもしれない』と考えていました」

5月4日のJ1リーグ第11節・鳥栖戦に敗れ、7戦勝ちなしの状況に立たされたガンバは、翌節のセレッソ大阪戦でシステムを4バックから3バックに変更。若い福田湧矢や髙尾瑠、髙江麗央らを先発に抜擢して勝負に出る。結果、倉田秋が決勝点を挙げて勝利を掴み取ると、以降、ジェソクは控えメンバーにすら名を連ねられない日々が続く。2014年にJ1に復帰してから怪我や出場停止以外でベンチから外れるのは、初めての経験だった。

「スタンドから試合を見て、若い選手が頑張っている姿を見ながらいろんなことを感じました。ベテランとしてチームが苦しむときになかなか貢献できなかったことに対して、申し訳ない気持ちもありました。そんなふうに自分の中に芽生えたいろんな感情や自分の立ち位置、年齢を考えたときに自分にも大きな変化が必要だと思い、今がそのタイミングだと思ってガンバを離れる決断しました。

今もガンバを離れる寂しさは続いていますが、新しいチームでもガンバで育ててもらったことを自信にして、ピッチで活躍する姿を皆さんにお見せすることが僕の使命だと思っています。それが、このクラブや仲間をはじめ、たくさん応援していただいたガンバサポーターにできる唯一の恩返しだと思うから、何がなんでも頑張ります」

思えば、ジェソクがガンバの一員になった２０１３年。彼は初めての海外移籍に苦しんでいた。言葉の壁にぶち当たり、サッカースタイルにも慣れず、持ち味をアピールできない。毎日が不安で押しつぶされそうだった。

「この決断は失敗だったかも」

一人で殻に閉じこもり、帰国を考えたことも一度や二度ではない。それでも家族や恩師からの助言を受け、また仲間の温かさに触れるうちに、ジェソクは少しずつ心を溶かしていく。同時に、腹をくくっていろいろなことに向き合った。

日本語を学び始めたのもこの頃。チームメイトの加地亮の自宅で開かれたバーベキューパーティに参加したのを機に、自分から話す必要性を感じた彼は、以来、猛烈な勢いで日本語を学ぶ。それによるチームメイトとのコミュニケーションの深まりはプレーにも反映され、Ｊ１に復帰した２０１４年にはレギュラーに定着して三冠に大きく貢献。

以降のシーズンも、左右サイドバックができることを強みに、またフィジカルや対人の強さ、ハードワークを武器にコンスタントにピッチに立ち続けた。

また、その中で育まれたガンバ愛や、生来の人懐っこさ、人間性もあってだろう。多くのファン・サポーターに愛され、ジェソクもまた彼らのことを心から愛した。そんな相思相愛の関係を築きながら、気がつけば、その在籍年数は外国籍選手としてはクラブ最長を数えていた。

「僕自身は年数を意識していたわけではなかったのですが、あるとき周りの人に最長だと教えられてすごく嬉しい気持ちになったのを覚えています。冷静に考えると、僕はガンバが敷いてきたスタイルをうまく表現できる選手ではありませんでした。1年目はそのことにも苦しみました。でも、健太さん（長谷川監督）が守備を大切にする人で、僕のスタイルをうまくチームに落とし込んでくれたおかげで、タイトルに貢献することができたし、韓国代表にも選ばれ、そのあとも長い時間をガンバで過ごすことができました。そう考えると、最初の3年は選手として成長できた時間だったし、そこからの3年半は周りの人の温かさに触れながら、人として成長できた時間になりました。

いつか結婚して子どもが生まれたときにいいパパになるために、あるいは指導者を目指すにあたっても、『ここでの時間や人との出会いは自分の人生にずっと生き続けるな』と思うことがたくさんあって…本当に素晴らしい時間を過ごせました。だから期限付き移籍のあと、どういう道を歩くかはわかりませんが、いつか…10年後でも20年後でもいいから、できるならガンバに戻ってきたいと思っています。昨日、部屋の荷物を整理しながら、この6年半を思い返し、自分の中でそんな新しい目標ができました」

噛み締めるように一つひとつの言葉を紡ぎ、そこで初めて笑顔を浮かべたジェソクは、最後に「ガンバのファン・サポーターの皆さんに伝えてください」と言葉を続けた。

「プロとしていつかこの日がくることは覚悟していました。毎年、1年ずつの契約で、シーズンが終わるときにはいつも『ガンバを離れることになるかもしれない』と覚悟していました。それが今のタイミングになってしまい、サポーターの皆さんに挨拶ができなかったのは心残りです。でも、僕はまだ引退するわけではありません。ユニフォームは変わっても、またスタジアムで会うことはできるし、そのときには大きな愛で応援をしてくださった皆さんに感謝の気持ちを伝えたいと思っています。

ガンバサポーターの皆さんがいなければ、今の自分はいません。いいときも悪いときも、変わらずに支えてくださったことに心から感謝しています。僕の家族も皆さんに尊敬の気持ちを持っています。日本に来て、ガンバの一員になれて本当によかった。20代のほとんどをここで過ごせたのは僕の宝物です。本当にありがとうございました」

この日、ガンバでの最後のトレーニングを終えたジェソクは、誰もいないグラウンドに向かって両手を大きく広げて全体を見渡し、深々と頭を下げた。過去への感謝と、これから始まる新しい未来への希望。その両方を胸に、新しいチャレンジに足を踏み出した。

2020年

絶対的守護神が300試合に到達

「5回も手術したことを思えば、よくここまでこれた」

東口順昭

2020年9月27日。J1リーグ第19節・サンフレッチェ広島戦で、東口順昭はJ1通算300試合出場を達成した。

「大卒で5回も手術したことを思えば、よくここまでこれた」

2009年にアルビレックス新潟でプロとしてのキャリアをスタートして12年。その道のりは想像を絶する険しさだった。2010年の左眼窩壁骨折と鼻骨骨折に始まり、2011年の右膝前十字靭帯損傷、2012年の右膝前十字靭帯断裂、2017年の左頬骨骨折、2018年の右頬骨と右眼窩底骨折と、聞くだけでも背筋が凍るような大怪我に何度も見舞われた。それでも到達した300試合は、「もうサッカーができなくなるかもしれない」という恐怖心を乗り越えてきた証だ。

「自分の精神的な未熟さによって負ってしまった怪我もあるし、今になって思えば、自分に慢心があるときに大怪我をしてしまうことが多かった。そういう意味では怪我によって自分を律することを学びました」

そう言いきれるのは、それらの怪我に真っ向から向き合い、乗り越え、ピッチに立ち続けてきたからだ。その都度、自分が目指すべき姿、サッカー選手としてのあり方を設定し直し、より高みを目指すことも忘れなかった。2018年、直前に負った怪我を乗り越えてワールドカップ・ロシア大会の日本代表に選出され、同大会を戦い終えた直後に話を聞いた際、その目線がすでに次の目標に向けられていたことが印象に残っている。

「自分の中で目標の一つだったワールドカップに行ってあらためて思ったのは、試合に出なきゃ意味がないということ。あの舞台は特別なものでしたけど、僕は1試合もピッチに立てず…それだと試合に出ていた選手より学べることは間違いなく少ないし、何より、自分が楽しくない。だからこそ、今はチームで一から出直す決意でまたサッカーと向き合っています。コンスタントにチームを勝利に導けるような絶対的な存在になって、初めて日本代表のピッチを任される選手になれると思うから」

「人生は何があるかわからん」からこそ、身近なところに目標を定め、一つ達成すれば

DAIKEN
Panasonic

また次の目標に向かう。いつ誰に起きてもおかしくない怪我というアクシデントに何度も直面してきた彼だからこそ、背伸びはせずに愚直に今に気持ちを注ぐ。

その証拠に、301試合目となった第20節・鹿島アントラーズ戦もいつもと変わらず冷静に試合を進め、再三にわたるビッグセーブで勝利を引き寄せる立役者となった東口。試合後には、途中交代した倉田秋からキャプテンマークを預かっていた流れで『ガンバクラップ』の先頭に立った。

「普通にやったつもりが、みんなに（テンポが）早い、早いって言われました」

チーム最年長ながら、チームメイトから遠慮なくツッコミを入れられていた姿も印象的だ。日頃から先輩後輩に関係なく「ヒガシ」と呼び捨てにされるほど愛され、信頼を寄せられていることをうかがわせるシーンだった。

もっとも、喜びに表情を緩めたのはその日限り。戦いが終われば、また次へ。

「まだまだ、ここから」

深くて思い決意を胸に、2019年、2020年と2年連続でJ1リーグ全試合フル出場を達成した絶対的守護神は、今も日々進化を感じさせる圧巻のセービングで、唯一無二の存在感を放ち続けている。

2020年

「選手としての一番の理想はJ1で試合に出続けること」——遠藤保仁

変わらない信念

遠藤保仁は何事にも執着を見せない。それは今や代名詞とも言える背番号7についてさえも、だ。J1リーグ最多出場記録の更新を前にインタビューをした際、驚くべき事実を聞かされた。

「ずっと7をつけてきたけど、背番号にはまったくこだわりがない（笑）。ガンバでの3年目に背番号を30から7に変えたのも、当時の強化部長に『7が空いているから付けたらどうだ？』って言われたから。その頃から背番号は何番でもよかったから、確か『空いている番号なら何番でもいいです』くらいの返事しかしなかったと思う。あ、でも…一度だけ番号を希望したことがあったかも。7をつけて2、3年目くらい経ったときに『1をフィールドの選手が付けたらダメなんですか？』って。そしたら『それはさすがにあかんやろ』と言われたからすぐ諦めました（笑）。今や自分のアパレルブランドにも7を入れてますけど、例えば仮に今、7を譲ってほしいと言われても余裕で譲る。どうぞ、どうぞって感じ。背番号でサッカーをするわけじゃない。遠藤保仁がサッカーをするんだから全然いいでしょ」

誤解を恐れずに言うならば、それは20年近く在籍したガンバに対しても同じだ。もちろん、ガンバには大きな愛着を感じている。

「ガンバ以上のクラブはない」

はっきりと口にもしている。だが、かといって「生涯ガンバで」という言葉を聞いたことは一度もない。

「選手としての一番の理想は、トップリーグであるJ1で試合に出続けること。それができなくなったらチームを問わず、実現できる可能性を探ると思う。もちろん、どこに行っても競争があるのは承知の上でね。ファン・サポーターの方やいろんな人が『ずっとガンバにいてほしい』って声をかけてくれるけど…その気持ちは嬉しいけど、正直、自分はそこに強くこだわっていない」

どの節目に話を聞いても、その考えが揺れることはなかった。

そんな遠藤が唯一こだわってきたのが「サッカーを楽しむこと」だった。ガンバでプレーした20年。彼の口から何度、その言葉を聞いたことだろう。結果がすべてとされる厳しいプロの世界において、ときに違和感を覚えることもあるくらい、いついかなるときも、だ。ただし、それはあくまで「試合に出ること」が前提の話。プロである以上、たとえ試合に出られなくてもボールを蹴っていたら楽しい、練習をしていたら楽しい、という選手は一人もいない。遠藤の言う「楽しい」も、公式戦に付随するものだ。

２０２０年10月５日。ジュビロ磐田への期限付き移籍に伴う記者会見でも素直な胸のうちを言葉に変えた。

「チームの戦い方、選手起用は監督が決めること。それをどうこう言うつもりはないけど、僕たちが日々取り組んでいる練習はすべて試合に出るため、結果を残すため。そのために普段からのいろんな積み重ねがある。もちろん監督に選ばれないのは自分にも理由はあるはずだけど、一方で、出たら結果を残せるという自信もある。そういう正直な気持ちをガンバにぶつけて、ガンバに理解してもらった。だからこそ、この期限付き移籍をしてよかったと言える結果を残せたらいいなと思っています」

その決意とともに新天地に向かった遠藤は、10月10日の松本山雅ＦＣ戦で磐田デビューを果たし、同年の残りのリーグ戦で15試合に先発出場した。

残念ながらその年のＪ１昇格は実現できなかったが、２０２１年も期限付き移籍を延長し、負傷欠場を除くほとんどの試合で先発出場を続けている。印象的だったのは、怪我明け最初の先発となったＪ２リーグ第14節・ザスパクサツ群馬戦で、Ｊリーグ連続シーズン得点記録を24年に伸ばすゴールを決めたこと。あらためて、ここぞの遠藤のすごさを思い知る。また第25節の東京ヴェルディ戦で挙げた久しぶりの直接ＦＫでの一撃も、記憶に新しい。そんな彼に牽引され磐田は10月末時点で、Ｊ２で首位を走っている。

「連戦での疲労感はあるけど、どこかが痛くなることはなく、フル出場をして３試合目くらいであっさり連戦の体に戻れた。前から言っている通り、僕は試合をたくさん戦っている方がコンディションはいい。それでも公式戦はまた別物なので、体にくることもあるかなと思っていたけど、意外なほど何もこなかった（笑）。それに、サッカーを楽しめていることが自分にとっては何よりの力になっていると思う。今回の期限付き移籍で、クラブは僕に18歳の選手を獲得するときのような将来性ではなく、確実にチームを変化させることを期待しているはず。それに相応しい結果を残したという思いは強い」

もちろん、遠藤はその主軸として輝き続けている。

2020年

新型コロナウイルスとの戦い。特別なシーズン

「ガンバが大好きで、いつも僕と一緒にガンバのことを考え、支えてくれた」

——橋本篤

2020年シーズンは、ガンバを支える裏方のクラブスタッフにとっても激動の1年になった。新型コロナウイルス感染拡大に伴う緊急事態宣言による活動中止、Jリーグの長期中断。リーグの再開日程が決まってからも、不測の事態に備え、瞬発的な対応を求められた。そんな舞台裏を教えてくれたのは、ガンバのマネージャー歴21年目を迎えていた橋本篤だ。

日々のトレーニングの準備はもちろん、連戦中の移動手段やホテルの確保、さらには衛生面への配慮など、いろいろなことが慌ただしく動いた。加えて、夏には長く苦楽をともにしてきたチームの大黒柱、遠藤保仁がジュビロ磐田へ期限付き移籍——。目まぐるしく駆け抜けた1年を、「特別なシーズンだった」と振り返るのも無理はない。

「ガンバに限らずですが、緊急事態宣言が出されたばかりの頃は先のスケジュールが見えず、特にアウェー戦の移動はどうするのか、ホテルや食事はどうするのか、ビュッフェ形式の食事に代わる弁当の手配はどうするのかなど、いろんな対応に追われました」

クラブハウスや練習場の利用にも制限がかけられ、それに伴い仕事内容も変化した。選手が利用したあとのロッカーや練習場、使った用具の除菌、消毒が当たり前になったのも一つだ。「選手、スタッフがそれぞれに自覚を持って行動してくれたので助かった」と笑顔で振り返ったものの、橋本をはじめとする裏方スタッフがどれだけ細かく衛生面に気を配っていたのかは想像に難くない。

「練習再開当初は洗濯をお願いしている業者さんもクラブハウスに立ち入れなかったので、選手ごとに練習着などを渡して管理してもらい、洗濯も各自にお願いしていました。そういった意味では、それぞれの家族にサポートしてもらったところもたくさんありました。練習が再開した当初は、シャワーやロッカールームも利用できなかったので、練習後は汗でドロドロの状態のまま車に乗り込んで帰宅する感じで…選手は大変だったと思いますが、一方で、誰もが普段どれだけ周りの人にサポートされて自分たちがあるのかを、あらためて実感する時間にもなりました。

最近は世の中の状況も見ながら、可能な範囲で少しずつ元に戻していますが、いまだに湯船は使用しないとか、デイゲームの試合後もホテルに戻らずにロッカーで弁当を食べるとか。バスや新幹線など移動中の食事はNGで、まだまだすべてが元通りとはいきません。ただ、今はサポーターの皆さんを含めて誰もが我慢の時間を過ごしていますからね。選手もスタッフも『例年とは違う状況に慣れること』を心がけて毎日を過ごしています。このままみんなが元気でシーズンを終えられるように、最後まで気を抜かずに僕たちも全力でサポートを徹底したいと思います」

2020年が橋本にとって『特別なシーズン』になったのには、もう一つ理由がある。実は4月18日に3年半に及ぶ闘病生活を送ってきた最愛の妻、朝子さんを亡くしていた。早過ぎる別れだった。

「どんなときも、僕の仕事を一番に考えてくれて『家のことは気にせずに、好きな仕事を頑張ってほしい』と背中を押してくれていました。朝子も娘もガンバのことが大好きで、いつも僕と一緒にガンバのことを考え、応援してくれて、支えてくれた。家のことは任せっきりで仕事に情熱を注げたのも、朝子のおかげです。もっといろんなところに連れて行ってあげたかったし、話したかった。娘の成長を一緒に楽しみたかったです」

病が発覚してからの3年半は、朝子さんの「ガンバに迷惑をかけたくない。プライベートも、仕事もいつも通りに過ごしてほしい」という意向を尊重。チーム関係者にはほぼ誰にも告げずに毎日を過ごしたが、そこに言い知れぬ葛藤があったことは察するに余りある。練習がある日はいつも一、二番を争う早さでクラブハウスに来て準備に取りかかり、ときに練習がない日も遠征の片付けや準備に勤しんでいた橋本の姿を重ねて、胸が詰まった。

「最期の1年間こそ病院への送り迎えのときに少し早く帰らせてもらったこともあったけど、それさえ朝子は嫌がるほどで…。緊急事態宣言で僕が自宅待機になっていたときに旅立ったのも、ガンバに迷惑をかけたくないという思いを最期まで貫いたんだと思います。本当に心の強い女性でした。それに比べて僕は今でも涙が出てきて…彼女の方が僕の何倍も辛かったはずだから情けない限りですけど、朝子のおかげで続けてこれた仕事だからこそ、僕も頑張らないといけない。残り少なくなったシーズンも全力でサポートして、最後は天皇杯のタイトルを喜びたいです」

この事実が世間に知れ渡った直後の12月27日。ホームで迎えた天皇杯準決勝の徳島ヴォルティス戦で、ガンバサポーターは直筆の横断幕を掲げた。試合中は忙しくロッカーとグラウンドを行き来する橋本を思ってのことだろう。唯一、グラウンドに立ってチームのサポートを行う試合前のウォーミングアップ中に、だ。

『あっちゃんいつもありがとう。青黒なら篤き闘志と共に』

掲出は時間にしてわずか30分ほど。リモート応援が続くコロナ禍にあって横断幕の準備は大変だったはずだが、それでもメッセージをしたためたサポーターの姿に、橋本がガンバで過ごした20年の月日を想う。『頑張れ』ではなく、『ありがとう』と寄り添ったサポーターの気持ちが温かかった。

2021年

パナソニックスタジアム吹田が生み出す熱狂

「サポーターの声援にどれだけ後押しされてきたのかを思い知った」

――三浦弦太

長らく、スタジアム全体がうねりを上げるような、満員のパナソニックスタジアム吹田を体感していない。

新型コロナウイルスとの未曾有の戦いにさらされてから約2年。世の中の状況を鑑みて、人数制限下で観客が入る試合もあったが、スタジアムに響き渡るサポーターの声も、地鳴りのような熱気も、沈黙を守ったままだ。

2016年、ガンバは万博記念競技場から市立吹田サッカースタジアム（現パナソニックスタジアム吹田）へとホームスタジアムを移転した。タッチラインからスタンドまで約7メートル、ゴールラインからスタンドまでは約10メートル。サッカー専用スタジアムならではの「すぐそこで」試合が繰り広げられる臨場感は、サッカーを見る楽しさを増幅させ、選手たちのプレーの熱を上げた。
同年2月14日に行われた名古屋グランパスとのこけら落としに集まった観衆は3万5271人。惜しいチャンスのたびにこぼれていた「あ〜」というため息は、遠藤保仁の提案で「う〜」という鼓舞する声に変わり、選手を後押しする。その雰囲気の中で、初めて試合を戦った選手たちは試合後、興奮気味に話したものだ。
「キーパーとしては声の通り具合を意識していましたけど、全然通らなかったです。万博で戦っていたときは声でポジションの修正ができたけど、ここではそうはいかないな、と思いながら試合をしていました」(東口順昭)
「雰囲気は最高。あとはここでいい結果を残して優勝するだけだと思います。以前の万博よりも少し芝が長かったけど、そこはすぐに慣れていくはず」(倉田秋)
「芝も、雰囲気もすごくいいスタジアム。ここでたくさん試合に出られるように、勝てるように頑張っていきたい」(井手口陽介)
「(かつて在籍した)TSG1899ホッフェンハイムのホームスタジアムに似ているけど、その規模を大きくしたような感じ。もっと近いし、もっと人数も多いし、本当にプレーしていてすごく楽しかった」(宇佐美貴史)

一方、チームを率いる長谷川健太監督はベンチからスタンドの威圧感を感じていたと振り返る。

「背後からの威圧感がすごくて振り向くのが怖かったので、今日はなるべくピッチの方を見ていました」

偶然にも対戦相手の名古屋には前年まで10年間、ガンバに在籍した明神智和が出場していたが、彼もまたその雰囲気に驚いていた。

「試合前にもコールをいただき、出場の際にたくさんの声援をいただけたのは本当に嬉しかったです。それにしても、素晴らしいスタジアム。完成に近づいていく過程は見てきたけど、今日初めてお客さんがたくさん入った中で試合をして、ここに立てる選手は本当に幸せだと思ったし、本当にすごいスタジアムだなと思いました」(明神)

もっとも、その圧巻の雰囲気に「対戦相手のモチベーションも上げてしまうスタジアム」だと話したのは長谷川だ。その証拠に2016年のガンバは序盤からホームで勝ちあぐねる試合が続く。事実、J1リーグ第3節の大宮アルディージャ戦でようやく初白星を掴んだものの、そのあとが続かずACLを含めると、ホーム5連敗。しかも驚くべきは、再三にわたるPKのチャンスで名手たちが次々と枠を外したことだ。4月2日の

J1第5節の横浜F・マリノス戦では遠藤が、4月19日のACL第5節・水原三星ブルーウィングス(韓国)戦では宇佐美が蹴り直しを含めて二度のPKを失敗。試合後、宇佐美は「自分の責任。ワンプレー、一つのミスでこういう結果になる。サッカーの怖さを知った試合だった」と唇を噛んだ。

その状況から抜け出したのは5月に入ってからだ。5月13日のジュビロ磐田戦でようやくホーム2勝目を手にしたのをきっかけに、8月のサガン鳥栖戦までホームでは8戦負けなしと強さを見せ、パナスタはようやく本当の意味での『我が家』としての姿を見せ始める。以来、この5年間には、LEDライトを利用した演出や、勝利したあとの『ガンバクラップ』など『パナスタ名物』も生まれ、年を追うごとに『ホーム感』は色濃くなってきた。

もっとも、かつて万博記念競技場で2006〜2007年の2シーズンにわたって作り上げた、リーグ戦でのホーム無敗記録『25』(Jリーグタイ記録)を上回るような圧巻の強さはまだ見せることができていない。だが、この5年間で体感してきた熱狂を思い返せば、またコロナ禍において選手から繰り返し聞いた言葉と照らし合わせても、近い将来、このパナスタが無敵のスタジアムになる可能性はあると信じられる。

「これまでガンバが挙げてきたすべての勝利、ゴールシーンがサポーターの熱狂とセットで記憶に刻まれている。早く満員のパナスタでプレーしたい」(倉田)

「リモートマッチ(無観客試合)を経験して、あらためてスタジアムの持つ力、ファン・サポーターの声援にどれだけ後押しされてきたのかを思い知った。再びスタジアムの日常が戻ったときに、またみんなでたくさんの勝利と喜びを分かち合えるように、自分たちはガンバのユニフォームを着て戦う責任をプレーで表現していかなければいけない」(三浦弦太)

そのユニフォームの胸には2022年から、「熱狂を生み出す青い炎となるガンバ」を象徴するデザインが施された、新エンブレムが縫い付けられる。炎といえば「赤」のイメージが強いが、実は赤よりも青い炎の方が温度は高い。新エンブレムにもその「青い炎」を燃やし続けながら、新たな時代を切り拓いていくことへの覚悟が込められた。言うまでもなく、「青い炎」が勝利、タイトルに結実することを描きながら、だ。そのために我らがホーム、パナソニックスタジアム吹田もきっと力を貸してくれることだろう。

GAMBA
GAMBA
GAMBA

ゴールを決めた瞬間の耳をつんざくような歓声。
勝利した瞬間のたくさんの笑顔。
体を突き抜ける、熱く、しびれるような興奮。

近い将来、それを再び取り戻したときには、きっと極上のパナスタ劇場が待っている。

おわりに

ガンバ大阪の歴史を辿る長い旅にお付き合いいただき、ありがとうございました。

執筆にあたっては、過去の取材ノートと、取り溜めたたくさんのインタビューのテープ起こしを読み返す作業から始めました。1990年代~2000年代の初めはデータとして残っていない記録も多く、それぞれの時代に記憶を巡らせながら、その背景と選手、スタッフの皆さんの声をすり合わせる作業に手間取り、永遠に書き始められない気がして不安になったりもしました。それを終えたら終えたで、あまりに膨大な記憶に、どこをどう切り取って文字にすればいいのかに頭を悩ませました。

その悩みは正直、原稿を書き終えた今も続いていて、あの話を入れたかったな、この話も伝えたかったなと思う毎日です。そこは最初にも書いたように、読者の皆さんのそれぞれに残る記憶がきっと補ってくれると信じています。

過去の記憶を呼び起こす作業は懐かしくもあり、楽しい時間でもありました。当時のことを思い出して、つい笑ってしまったり、涙がこみ上げてくるような瞬間もありました。あらためて読み返すことで意外な言葉と再会し、気づかされたこともあります。それだけ、どの時代のガンバにも、選手にもたくさんのドラマがあったということだと思います。

あらためて、そんなプロフェッショナルな皆さんを取材させていただく機会に恵まれたこと、胸の内にある思いを聞かせていただいた選手、スタッフの皆さんに、この場を借りて、心からお礼を申し上げます。

いつの時代も、強くても弱くても、勝っても負けても、私はガンバの取材ができることをとても楽しく感じてきました。今も、その感覚は変わっていません。取材者として「楽しい」という言葉が適切なのかはわかりませんが、本当にその思いのままに取材現場に向かい、プレーを見て、選手やスタッフの皆さんの声を聞かせていただいてきました。

それはおそらく、どの時代にも、ひたむきに結果を求めて戦い続けるチーム、選手の姿があったからであり、ガンバが「伝えたい」ことで溢れていた証拠でもあると思います。そして、それを受け取ってくださる方がいることで、今も私は書き続けることができています。ありがとうございます。

そんな皆さんに少しでもガンバの魅力を届けられるように、これからも心を込めて言葉を綴っていこうと思います。

2021年10月吉日
高村美砂

高村美砂

たかむら・みさ

兵庫県西宮市生まれ。Jリーグ開幕に
合わせて発刊された関西サッカー応援誌
『GAM』『KAPPOS』の発行・編集に
携わったのち、1998年からフリーライターに。
ガンバ大阪を長く取材し、
イヤーブックやマッチデープログラムなど
クラブのオフィシャル媒体を中心に
執筆活動を行っている。

ガンバ大阪《おおさか》 30年《ねん》のものがたり

2021年11月30日　第1版第1刷発行

著　者　　高村《たかむら》 美砂《みさ》
発行人　　池田 哲雄
発行所　　株式会社ベースボール・マガジン社
〒103-8482 東京都中央区日本橋浜町2-61-9
TIE浜町ビル
電話　　03-5643-3930(販売部)
03-5643-3885(出版部)
振替口座　00180-6-46620
https://www.bbm-japan.com/
印刷・製本　大日本印刷株式会社

Printed in Japan
ISBN 978-4-583-11362-3　C0075